El enigma de la gruta.

Inspirada en hechos reales con tintes de ficción, *El Enigma de la Gruta* nos sumerge en una comunidad que aparenta unidad, pero esconde intrigas, traiciones y oscuros secretos. Cuando nuevas tensiones emergen, el frágil equilibrio de La Gruta comienza a tambalearse. Thiago, un hombre guiado por la justicia y una férrea ética, se convierte en la última esperanza para desvelar la verdad, aunque el precio a pagar sea alto.

A medida que las máscaras caen y la oscuridad sale a la luz, se entretejen el suspense, la psicología y la lucha por la redención en una narrativa que revela hasta dónde somos capaces de llegar para proteger lo que más amamos. Un thriller cautivador que celebra el poder transformador de la verdad y nos recuerda que, a veces, enfrentarnos al abismo es el único camino para encontrar la luz."**

Página de derechos o créditos:

Dedicatoria:

A mi familia,
mi faro en las tormentas y mi refugio en la calma.

A María del Carmen, madre de mis hijos, David y María del Carmen, y a mi nieta Martina, fuente de alegría y esperanza.

A Rosa,
por su ayuda y por ser inspiración constante.

A mis padres, que, aunque ya no estén, siguen guiando mi camino.

Sinopsis.

En la aparente tranquilidad de La Gruta, una comunidad residencial fundada sobre ideales de unidad y prosperidad, se ocultan secretos que amenazan con destruirla desde dentro. Thiago, un hombre íntegro y decidido, se convierte en el centro de una lucha contra César, un carismático manipulador dispuesto a cualquier cosa para preservar su poder.

A medida que los secretos emergen y las máscaras caen, los vecinos deben enfrentarse a una verdad incómoda: la fragilidad de sus lazos y el peso de sus decisiones. Conspiraciones, traiciones y batallas legales ponen en juego no solo el destino de La Gruta, sino también las convicciones de quienes la habitan.

Inspirada en hechos reales con tintes de ficción "El Enigma de la Gruta" es una novela que explora el impacto de las elecciones personales en una comunidad, invitando al lector a reflexionar sobre los límites de la redención, el poder del perdón y la importancia de la integridad en un mundo lleno de sombras.

ÍNDICE.

El nuevo comienzo en La Gruta, que muchos habían creído posible, se tornó en un espejismo.

Prólogo: El Susurro de la Gruta

En el apacible rincón de Bruselas donde se levantaba La Gruta, una comunidad residencial aparentemente perfecta, se tejían historias que pocos se atrevían a contar. Sus calles adoquinadas y jardines bien cuidados parecían susurrar una promesa de tranquilidad, pero también escondían un murmullo inquietante, como el eco de secretos que no querían ser revelados.

Desde su construcción, La Gruta había sido elogiada como un símbolo de unidad y prosperidad, pero a medida que pasaron los años, surgieron rumores que la convertían en algo más oscuro. Para algunos, era un refugio de armonía; para otros, un lugar donde la tensión crecía, como brasas ocultas bajo un fuego aparentemente apagado.

Para Thiago, un periodista retirado, La Gruta era el retiro que siempre había soñado. Con 55 años y una vida marcada por los conflictos y las batallas mediáticas, buscaba un nuevo comienzo. Su plan era sencillo: días tranquilos escribiendo en su estudio, tardes en el jardín y noches en calma, alejadas del ruido de la vida profesional. Pero esa serenidad pronto revelaría su verdadera naturaleza: una ilusión tan frágil como el cristal.

El primer indicio llegó con un sobre anónimo en su buzón. Compuesto por letras recortadas de revistas, el mensaje era claro y perturbador: *"Es mejor que te vayas."* Thiago sostuvo el papel entre sus manos, con una mezcla de incredulidad y una creciente incomodidad. ¿Una broma pesada? ¿Una amenaza? La tensión que había percibido desde su llegada parecía tomar forma, tangible y real.

Días después, mientras ajustaba las persianas de su oficina, esa sensación de ser observado se hizo insoportable. Las ventanas de las casas vecinas, que parecían tan acogedoras, ahora se antojaban ojos vigilantes. Thiago entendió que algo oscuro palpitaba en el corazón de La Gruta, una red de secretos y alianzas corruptas que lo arrastrarían hacia un abismo desconocido.

La Gruta no era solo un lugar; era un espejo que reflejaba la fragilidad de quienes la habitaban. A medida que Thiago se involucraba con sus vecinos, descubría que bajo la apariencia de unidad se escondían traiciones, manipulaciones y una lucha de poder que no se detenía ante nada. Su presencia en el barrio desataría un torbellino de eventos, empujándolo a confrontar no solo a sus enemigos externos, sino también sus propios temores.

Mientras las máscaras caían y las alianzas se desmoronaban, Thiago entendió que su lucha no era únicamente por la tranquilidad de su hogar, sino por la integridad de una comunidad entera. La amenaza no era solo externa; también residía en el miedo que se aferraba al alma de quienes preferían callar antes que enfrentar la verdad.

Personajes de La Gruta

101 - Thiago y África

- Thiago: Periodista jubilado, idealista y defensor de la justicia. Su llegada a La Gruta desata una serie de conflictos mientras lucha por la verdad y la integridad de la comunidad.

- África: Su compañera, artista y apasionada por la cultura, aporta equilibrio emocional y fuerza a las batallas de Thiago.

102 - Los hijos de Thiago: Arturo y Valentina

- Arturo: Profesional establecido, demuestra compromiso y lealtad hacia su padre, protegiéndolo en momentos críticos.

- Valentina: Ejecutiva en una multinacional, su independencia y liderazgo inspiran a las jóvenes generaciones de La Gruta.

103 - Popeye y Casilda

- Popeye, a punto de jubilarse, reflexiona sobre sus decisiones pasadas y cómo enfrentará un futuro más tranquilo. Casilda, su esposa, es el pilar emocional que lo

ayuda a redescubrir sus pasiones y
reconciliarse con su rol en la comunidad.

104 - César y Florinda

- César: Antagonista principal, manipulador y
  ambicioso, dispuesto a todo para mantener
  su control sobre La Gruta.

- Florinda: Intenta equilibrar la familia
  mientras enfrenta las consecuencias de las
  acciones de César. Sus hijos, Lucía y Marco,
  aportan dinamismo a los conflictos.

105 - Ismael y Charlotte

- Una pareja creativa que equilibra su amor
  por la radio y el arte. Ismael lidera un
  proyecto de radio comunitaria, mientras
  Charlotte enseña arte. Su hijo Daniel se
  inspira en ellos para imaginar un futuro
  lleno de posibilidades.

106 - Sofía y sus hijas: Ana, Beatriz y Clara

- Sofía: Viuda resiliente que lidera a sus tres
  hijas hacia un futuro brillante.

- Ana: Estudiante de ingeniería, es la más
  analítica de las hermanas.

- Beatriz: Se inclina hacia la psicología y
  busca entender las complejidades de la
  comunidad.

- Clara: Artista emergente, llena de creatividad y esperanza.

107 - Comisario Oisacin y Yanay

- Oisacin: Comisario experimentado que busca redimirse por errores pasados mientras protege a La Gruta.

- Yanay: Figura maternal y de apoyo, pero enfrentando conflictos internos que ponen a prueba su relación con Oisacin.

108 - Giovanni Bellini

- Chef retirado que dirige "Il Sapore di Casa," un restaurante que se convierte en el centro de unión culinaria de La Gruta. Giovanni también imparte clases de cocina, creando un espacio de aprendizaje y comunidad.

109 - Nadia y Tomasz Nowak

- Matrimonio polaco que revitaliza el jardín comunitario de La Gruta, fomentando la sostenibilidad y la colaboración entre vecinos. Su proyecto se convierte en un símbolo de unión y esperanza.

201 - Brutus y Means Cookings

- Padres de dos adolescentes, Zoé y Elisa, luchan por equilibrar sus decisiones éticas y las tensiones que César genera en la comunidad.

202 - Mei Ling

- Estudiante de doctorado en biología molecular, encuentra en La Gruta la calma para sus estudios. Su experiencia en Sevilla y Bruselas la conecta con diferentes culturas y perspectivas.

203 - Samuel y Nora Johnson

- Familia estadounidense que busca integrarse en Bruselas. Samuel trabaja en una multinacional, mientras Nora y sus hijos, Emma y Jack, exploran las tradiciones belgas.

204 - Hakim Al-Farsi

- Joven emprendedor de Omán, Hakim lidera un startup tecnológico y organiza mentorías para jóvenes, inyectando innovación y espíritu colaborativo en la comunidad.

205 - Elina Ivanova

- Bailarina rusa principal en una prestigiosa compañía de ballet, que encuentra en La

Gruta un refugio para equilibrar su disciplina artística y su vida personal.

206 - Los hermanos Moreau

- Marc y Lucie abren una panadería artesanal que se convierte en un punto de encuentro comunitario. Su amor por la gastronomía une a los vecinos de La Gruta.

207 - Aisha Mbeki

- Activista sudafricana por los derechos humanos, organiza talleres educativos que empoderan a la comunidad y fomentan valores de igualdad y respeto.

Capítulo 1: La Sombra del Regreso

Doroteo regresó a La Gruta con una mezcla de
nostalgia y aprensión. Había pasado tanto tiempo
desde que dejó el lugar que casi parecía un sueño
distante. En la entrada del barrio, un cartel con el
rostro de César, sonriente y confiado, parecía
observar a todos los que pasaban. "Juntos por un
mañana mejor", decía el lema. Thiago lo miró con
una mezcla de incredulidad y desconfianza
mientras acompañaba a Doroteo en su llegada. No
sabía entonces que aquel hombre no solo
dominaría la política del barrio, sino que pronto
intentaría dominar su vida.

El viento que serpenteaba entre las casas de La
Gruta traía consigo un susurro. Algunos decían que
eran las voces de los secretos enterrados, otros
simplemente hablaban de las corrientes de aire que
cruzaban el bosque cercano. Para Thiago, aquel
sonido pronto se convertiría en una advertencia
que no había sabido escuchar.

Dentro del complejo conocido como "La Gruta",
aún se conservaba un pequeño enclave sin
reclamar. Era un rincón peculiar, alzado sobre la
estructura circundante, distinguido por su
ubicación privilegiada. Este espacio, que servía

como punto de acceso al resto de la cavernosa edificación, evocaba los antiguos corrales de vecinos medievales, pero con renovados toques contemporáneos.

Thiago y su pareja, África, habían dedicado meses a la búsqueda de un hogar en esa región. Tras explorar diversas opciones, finalmente se inclinaron por "La Gruta". Aunque África sentía una inquietud inexplicable sobre la zona, Thiago veía en aquel lugar un remanso de paz. Los apartamentos que adquirieron ofrecían vistas perfectas: uno hacia el mar y otro hacia la sierra.

El diseño del complejo combinaba elementos naturales con arquitectura moderna, proyectando un equilibrio entre lo antiguo y lo nuevo. Thiago imaginaba mañanas escribiendo en su estudio y tardes explorando los secretos que las antiguas paredes podrían esconder. A pesar de la aparente perfección, África no podía ignorar una premonición sombría sobre los oscuros secretos que La Gruta guardaba.

La llegada a Bruselas marcó el inicio de un capítulo lleno de expectativas y retos. La ciudad, con su mezcla de culturas y rica historia, ofrecía un entorno vibrante y único. La Grand Place, el Museo de la Ciudad y las delicias de la gastronomía local pronto se convirtieron en sus refugios.

Sin embargo, la convivencia en "La Gruta" no era fácil. Los vecinos mostraban una diversidad de actitudes: algunos les ofrecieron una cálida bienvenida, mientras que otros los miraban con recelo. Thiago, siempre curioso, buscó conocer más sobre sus nuevos vecinos, especialmente aquellos que ocupaban los apartamentos cercanos.

Mientras Thiago y África se adaptaban, comenzaron a notar la influencia de César, el hombre del cartel en la entrada. Su carisma parecía envolver a todos, pero para Thiago, sus palabras tenían un peso inquietante. César no era solo un líder carismático, sino también un manipulador hábil que utilizaba su posición para moldear el barrio a su antojo.

Thiago concertó una reunión con Castro, el promotor del complejo, para comprender más sobre la construcción y, sobre todo, sobre los vecinos que habitarían los apartamentos del 101 al 109. Quería saber qué tipo de comunidad se estaba formando alrededor de su nuevo hogar, aunque aún no imaginaba los desafíos que le esperaban.

El viento seguía trayendo susurros a través de las calles de La Gruta, un eco persistente que parecía advertir a quienes estaban dispuestos a escuchar. Para Thiago, la aparente tranquilidad del barrio comenzaba a transformarse en una inquietante intriga. Decidido a proteger su hogar y a su pareja, se prometió descubrir la verdad detrás de los secretos que acechaban en las sombras.

Con Doroteo de regreso y África a su lado, Thiago sabía que la batalla no sería fácil, pero su determinación era inquebrantable. En aquel rincón de Bruselas, la lucha entre la luz y la oscuridad estaba a punto de comenzar, y Thiago estaba decidido a no permitir que la corrupción destruyera lo que tanto le había costado construir.

Capítulo 2: Secretos Enterrados

La luz del día se filtraba por las altas ventanas del complejo, reflejándose en las modernas paredes de La Gruta. Thiago, con su característico paso tranquilo, caminaba por los pasillos recién inaugurados. Había pasado semanas preparando la mudanza, supervisando cada detalle de su nuevo hogar, pero algo le inquietaba. El complejo, a pesar de su elegancia arquitectónica, guardaba una atmósfera que no lograba descifrar.

Aquella mañana, Castro lo esperaba frente al edificio. "¡Hola, buenas tardes, Thiago!", exclamó Castro con su voz potente y familiar. "Buenas tardes", respondió Thiago, extendiendo su mano para un firme apretón. Tras unos minutos de conversación cordial, Castro comenzó su recorrido habitual de ventas.

"Verás, Thiago", empezó Castro, rebosante de entusiasmo, "tus futuros vecinos son de primera. Personas con una posición excelente, de lenguaje culto y con un buen pasar." A medida que avanzaban, Castro describía a los nuevos habitantes de La Gruta como si hablara de personajes de una novela. El apartamento "C" lo ocuparían César y Florinda. Él, un gerente aeronáutico, y ella, dueña de una cadena de grandes almacenes llamada "El Corte Italiano."

"Y aquí, en el 'D', tenemos a Popeye y su esposa Casilda," continuó Castro. "Popeye es el director general de una prestigiosa compañía de ascensores, mientras que Casilda se dedica al cuidado de su hogar." Thiago escuchaba con atención, aunque pronto notó cómo Castro comenzaba a adornar las historias, inyectando un aire de exageración a sus relatos.

Más adelante, en el apartamento "E," residirían Ismael y Charlotte, una adinerada pareja francesa. Ismael, director de una emisora de radio llamada "Radio Cotilla," y Charlotte, una elegante heredera, parecían encajar perfectamente en la narrativa grandilocuente de Castro. Thiago no podía evitar sentir curiosidad por la diversidad de personajes que compondrían su vecindario, pero una parte de él se mantenía alerta. Sabía que detrás de cada fachada había historias más complejas.

Cuando llegaron al "F", Castro fue interrumpido por Popeye, que apareció de repente en escena. "Buenas tardes," dijo Popeye, con un gesto que Thiago interpretó como forzado. Castro, visiblemente molesto por la interrupción, despachó rápidamente a Popeye, retomando el recorrido con Thiago.

En el apartamento contiguo, el "G," residiría una peculiar pareja: Karls, un operario de desatascos, y Nutella, una catedrática de física y química. "Una combinación inusual, pero interesante," comentó Castro, sonriendo. Thiago asintió, aunque no podía evitar notar el tono condescendiente de Castro al hablar de ellos.

Finalmente, llegaron al corazón de La Gruta, un patio central dominado por una impresionante fuente renacentista. La escultura, con múltiples niveles y figuras humanas, era una obra maestra de diseño, pero tenía un elemento desconcertante: un pequeño gnomo en la cúspide, cuya fuente de agua parecía un tanto inapropiada. "César tuvo esta idea," explicó Castro, riendo. "Un símbolo de prosperidad... aunque un poco extravagante, ¿no crees?"

La conversación fue interrumpida cuando Castro mencionó la existencia de una caja fuerte oculta en los planos del edificio, algo que solo los propietarios más cercanos al proyecto conocían. Intrigado, Thiago decidió investigar más sobre este detalle. Más tarde, cuando la mudanza estaba casi completa, descubrió que la caja fuerte estaba ubicada en el sótano del edificio, detrás de un panel disimulado.

Una noche, impulsado por la curiosidad, Thiago bajó al sótano para inspeccionar el lugar. Con la ayuda de herramientas básicas, logró abrir el panel, revelando una pequeña puerta de acero. La caja fuerte estaba allí, intacta. Al abrirla, encontró documentos antiguos y un par de llaves oxidadas. Entre los papeles, destacaba un sobre con inscripciones a mano que decían: "Confidencial. Propiedad de La Gruta."

El contenido del sobre era impactante. Documentos que detallaban acuerdos turbios entre algunos de los primeros inversores del complejo y figuras políticas de Bruselas. Había referencias a transacciones sospechosas, proyectos inconclusos y nombres que Thiago empezaba a reconocer como sus vecinos actuales.

Thiago cerró la caja fuerte con manos temblorosas. Sabía que esos documentos eran peligrosos, que guardaban secretos que podrían poner en riesgo su seguridad. En ese momento entendió que La Gruta no era solo un lugar de convivencia, sino un tablero de intrigas donde cada pieza estaba estratégicamente colocada. Decidió guardar silencio por el momento, pero su percepción de su nuevo hogar cambió para siempre.

La fuente seguía burbujeando en el patio central, su agua iluminada por luces cálidas que daban al lugar un aire de tranquilidad. Pero para Thiago, la imagen de la fuente adquirió un significado diferente: un recordatorio de que las apariencias podían ser tan engañosas como los secretos enterrados bajo las piedras de La Gruta.

La mañana siguiente al retorno de Doroteo amaneció con un cielo plomizo, reflejo perfecto del estado de ánimo que dominaba "El enigma de la gruta". Mientras la mayoría de sus habitantes iniciaban sus rutinas diarias, la presencia de

Doroteo ya había comenzado a agitar las aguas estancadas de una comunidad que, detrás de sus fachadas modernas y jardines bien cuidados, escondía secretos oscuros y verdades a medias. Fue durante una inspección casual de su antigua vivienda, un apartamento en el tercer bloque de La Gruta, donde Doroteo encontró algo inesperado. Detrás de una falsa pared en el estudio, espacio que una vez había sido su santuario de lectura y reflexión, descubrió una caja fuerte empotrada en el muro, un legado oculto de los días en que La Gruta era solo un proyecto en desarrollo. La existencia de la caja fuerte no era un misterio para Doroteo; sin embargo, el contenido se había mantenido en las sombras, hasta ahora. Dentro, halló una serie de documentos y grabaciones que arrojaban luz sobre los inicios turbios de la comunidad. Contratos dudosos, acuerdos bajo la mesa, y correspondencia entre los fundadores de La Gruta y figuras políticas de influencia revelaban una red de corrupción y ambición que había dado forma al nacimiento del complejo residencial. Entre los papeles, una serie de cartas dirigidas a César destacaban por su tono urgente. Eran peticiones de silencio, recordatorios de favores pasados y promesas de recompensas futuras. Era evidente que César, mucho antes de convertirse en el líder no oficial de La Gruta, había estado implicado en maniobras que iban más allá de la simple gestión comunitaria. La revelación de estos secretos colocó a Doroteo en una posición delicada. Era claro que la historia de La Gruta, y de muchos de sus habitantes, estaba construida sobre cimientos mucho menos sólidos de lo que aparentaban. La pregunta que ahora se imponía era qué hacer con esta información. Hacerla pública podría significar sacudir los cimientos mismos de la comunidad, pero guardar silencio sería convertirse en cómplice de las sombras que había jurado disipar. Mientras Doroteo sopesaba sus opciones, la noticia de su descubrimiento comenzó a filtrarse. Las miradas que lo seguían se tornaron más intensas, y el aire en La Gruta se cargó con una electricidad palpable. Algunos vecinos, temerosos de lo que las revelaciones podrían significar para ellos, se mostraban evasivos. Otros, conscientes del cambio que se avecinaba, lo miraban con una mezcla de esperanza y ansiedad. Doroteo sabía que el camino a seguir estaría lleno de retos. Cada documento, cada grabación, era una pieza del rompecabezas que, una vez ensamblado, revelaría la verdadera naturaleza de La Gruta. Pero también era consciente de que, en el proceso de sacar a la luz los secretos enterrados, no solo desafiaría a aquellos que preferían mantener el statu quo, sino que también se enfrentaría a sus propias dudas y temores. "Secretos Enterrados" no solo profundiza en los misterios de La Gruta, sino que también plantea preguntas sobre la ética, la responsabilidad y el precio de la verdad. Doroteo se encuentra en el epicentro de este torbellino, decidido a seguir adelante, armado con la convicción de que, al final del día, la luz debe prevalecer sobre las sombras, sin importar el costo.

Entre los documentos se hallaban los datos particulares de algunos miembros de la Gruta.

Capítulo 3. Ecos del pasado.

Thiago, cargando con el peso de los secretos descubiertos en los documentos que había encontrado en la caja fuerte, sabía que no podía enfrentarse solo a las sombras que se cernían sobre La Gruta. Después de analizar cada prueba, cada contrato falsificado y cada grabación, entendió que la magnitud de la corrupción iba más allá de lo que podía manejar en solitario. Fue entonces cuando pensó en Doroteo, alguien con la experiencia y la valentía necesarias para enfrentar la verdad oculta.

Por su parte, Doroteo, quien ya había sospechado durante años de las irregularidades en la comunidad, no tardó en aceptar la invitación de Thiago para unirse a su cruzada. Sabía que, si alguien podía impulsar un cambio real, ese era Thiago, y ahora, con las pruebas en sus manos, tenían la oportunidad de hacer justicia.

La reunión entre ambos tuvo lugar bajo el manto del crepúsculo, en uno de los rincones más discretos de La Gruta. Allí, entre las sombras que se alargaban con la caída de la noche, Thiago compartió los documentos con Doroteo. Las pruebas, contundentes y detalladas, eran un testimonio irrefutable de las prácticas ilícitas que habían convertido a La Gruta en el escenario de un entramado corrupto.

"Doroteo," comenzó Thiago, extendiendo las hojas, "aquí está todo lo que temíamos. Modificaciones ilícitas, contratos amañados, desvío de fondos... Todo está aquí."

Doroteo tomó los documentos, repasándolos en silencio antes de levantar la vista. "Esto no es solo corrupción, Thiago. Es una red que compromete a toda la comunidad. No podemos permitir que esto continúe."

Ambos decidieron entonces que era momento de actuar, trazando una estrategia para exponer la verdad y recuperar La Gruta para sus vecinos.

Sabía que no podía enfrentarse solo a las sombras que se cernían sobre la comunidad. La necesidad de un aliado, alguien con la experiencia y la fortaleza para enfrentar la verdad oculta, Doroteo conocía la historia de Thiago, su lucha incansable por la justicia y la transparencia dentro de la comunidad, y cómo sus esfuerzos habían sido sistemáticamente obstaculizados por aquellos que preferían mantener el statu quo. La reunión entre Doroteo y Thiago se llevó a cabo bajo el discreto manto del crepúsculo, en uno de los pocos espacios de La Gruta que aún prometían algo de privacidad. Allí, entre las sombras que se alargaban con la caída de la noche, Doroteo compartió el contenido de la caja fuerte, desplegando ante Thiago los documentos y grabaciones que exponían la corrupción enraizada en los cimientos de su hogar.

Thiago, aunque no sorprendido por la existencia de tales secretos, se sintió sobrecogido por la magnitud de la evidencia. La confirmación de sus sospechas no traía consuelo, sino un renovado sentido de urgencia. Juntos, decidieron que era hora de iniciar una cruzada de mejora, no solo para desenterrar y enfrentar los secretos del pasado, sino para forjar un futuro mejor para La Gruta. La estrategia de Doroteo y Thiago se centraría en tres frentes principales. El primero, la transparencia: harían pública la información contenida en los documentos, asegurándose de que cada habitante de La Gruta comprendiera la verdadera historia detrás de su comunidad. El segundo, la legalidad: buscarían el apoyo de las autoridades, utilizando las pruebas para exigir justicia y reparación por los actos corruptos que habían permitido el crecimiento desmedido de algunos a costa del bienestar de muchos. El tercero, la unidad: convocarían a los vecinos a unirse en un esfuerzo comunitario para reconstruir La Gruta, no solo en su infraestructura, sino en sus valores y principios. La decisión de Thiago y Doroteo de llevar a cabo una estrategia basada en la transparencia, la justicia y el cumplimiento de la ley marca un punto de inflexión en la historia de "El enigma de la gruta". Con el fin de salvaguardar los derechos y el bienestar de la comunidad, Thiago se presenta ante la Gerencia Municipal de Urbanismo (GMU) de Bruselas, armado con documentos y evidencias que demuestran las modificaciones ilícitas realizadas en ciertas propiedades. En la GMU: Thiago, con una mezcla de determinación y nerviosismo, entrega los documentos al funcionario de la GMU, explicando la situación con claridad y precisión. Thiago: (firme) Estas modificaciones no solo violan nuestras normativas comunitarias, sino que también ponen en peligro la integridad estructural del edificio y, lo que es más importante, la seguridad de todos los residentes. Funcionario de la GMU: (revisando los documentos) Entiendo su preocupación, y le aseguro que investigaremos estos casos con la seriedad que merecen. La ley es clara en cuanto a la realización de obras sin los permisos adecuados. La acción de Thiago no pasa desapercibida para César, quien ve cómo su margen para maniobrar se reduce drásticamente. La denuncia pone en evidencia no solo a aquellos que ya han cometido infracciones, sino que también impide que otros, incluido él mismo, puedan realizar obras sin seguir el debido proceso legal. Consecuencias en La Gruta: La noticia de la denuncia se esparce rápidamente por "La Gruta", generando una mezcla de reacciones. Algunos residentes aplauden la valentía de Thiago por tomar una postura firme en defensa de la comunidad, mientras que otros, incluido César, se sienten acorralados y expuestos. César: (frustrado) Esto complica nuestras opciones. Si queremos proceder, ahora tenemos que hacerlo todo a la luz, con proyectos aprobados y sin atajos. La situación lleva a César a convertirse en un enemigo aún más decidido de Thiago, viendo en él al responsable de sus frustraciones y limitaciones. Sin embargo, para

Thiago y Doroteo, este es un paso necesario hacia la recuperación de la legalidad y la transparencia en "La Gruta". Doroteo: (a Thiago) Es un camino difícil el que hemos elegido, pero es el correcto. Restaurar la confianza y asegurar la seguridad de todos es nuestra prioridad. Thiago: (convencido) Así es. Si enfrentamos resistencia, será porque estamos haciendo lo correcto. Y al final, la comunidad nos lo agradecerá. La estrategia de Thiago y Doroteo, aunque desencadena conflictos y tensiones, se convierte en un catalizador para el cambio en "La Gruta", impulsando a la comunidad a enfrentar sus problemas de frente y a buscar soluciones justas y legales Con la determinación como su estandarte, Doroteo y Thiago comenzaron su labor, enfrentando tanto la resistencia como las represalias de aquellos cuyos secretos buscaban exponer. Pero cada obstáculo solo servía para fortalecer su resolución. Las reuniones comunitarias, antes espacios de formalidad vacía, se transformaron en foros de debate apasionado y planificación colectiva. Las plazas y los jardines de La Gruta, testigos del descontento y la desconfianza, se llenaron poco a poco de voces que clamaban por cambio y acción. La cruzada de mejora de Doroteo y Thiago, lejos de ser una lucha solitaria, se convirtió en un movimiento. Vecinos que habían permanecido al margen, temerosos o indiferentes, comenzaron a ver en ellos la chispa de una esperanza largamente olvidada. La Gruta, en su momento un símbolo de secretos y silencios empezaba a perfilarse como el escenario de una transformación profunda. El camino hacia la luz estaba lleno de desafíos, pero Doroteo y Thiago, apoyados por una comunidad cada vez más unida y consciente, avanzaban firmes. Sabían que el viaje apenas comenzaba, que cada secreto revelado y cada mejora lograda eran solo los primeros pasos hacia la redención de La Gruta. Pero juntos, en alianza.

Capítulo 4: Hilos de la Oscuridad

En "El enigma de la gruta", los muros no solo delimitaban espacios, sino que guardaban historias. Con el paso del tiempo, las sombras del pasado se entrelazaban con los eventos actuales, revelando una compleja trama de corrupción y secretos oscuros. Thiago y Doroteo, comprometidos con la verdad, se adentraban en la maraña de irregularidades, sin saber que el camino que habían escogido los llevaría a enfrentar una red más amplia y peligrosa de lo que jamás imaginaron.

Inspección de Hacienda

La revelación más reciente en su cruzada llegó con la entrada de la Inspección de Hacienda. Los auditores, tras una exhaustiva investigación, descubrieron graves irregularidades financieras en las cuentas del complejo residencial. Estos hallazgos confirmaban las sospechas de Thiago y Doroteo, pero también amplificaban la gravedad de la situación.

En una reunión tensa en una sala de conferencias, con papeles esparcidos por la mesa, los inspectores presentaron su informe a los representantes de La Gruta.

Inspector: (serio) "Hemos detectado irregularidades significativas en la gestión fiscal del complejo. Estas infracciones podrían dar lugar no solo a multas considerables, sino también a acciones legales contra los responsables directos."
Doroteo: (preocupado) "Siempre supimos que había problemas, pero esto... esto es mucho más serio de lo que esperábamos."
Thiago: (resuelto) "Enfrentémoslo. Es la única forma de limpiar el nombre de La Gruta y reconstruirla con bases legales y transparentes."

Legalización de los Remontes

Pese a la gravedad de los hallazgos, un inesperado giro en los acontecimientos ofreció un respiro. Tras años de incertidumbre, las autoridades locales aprobaron la legalización de la zona para remontes, regularizando finalmente las adaptaciones y modificaciones que, hasta entonces, habían sido motivo de sanciones y conflictos.

Doroteo: (aliviado) "Esto no borra los errores del pasado, pero es una oportunidad para empezar de nuevo y hacerlo bien."
Thiago: (mirando hacia el futuro) "Exacto. Ahora comienza el verdadero trabajo. No solo debemos reconstruir las estructuras, sino también los valores de nuestra comunidad."

Reconstrucción y Unidad

La legalización marcó el inicio de una nueva era para La Gruta. Con Thiago y Doroteo liderando la iniciativa, los residentes se unieron en un esfuerzo colectivo para cumplir con las normativas y revitalizar la comunidad. Talleres de concienciación, reuniones vecinales y colaboraciones con las autoridades locales se convirtieron en herramientas clave para transformar el complejo en un modelo de resiliencia y cooperación.

La fuente renacentista en el corazón de La Gruta, que alguna vez fue símbolo de ostentación y discordia, se convirtió en el lugar de reunión donde los vecinos compartían ideas y planes para el futuro.

Flashback 1: El Origen de la Maldición

Años atrás, cuando La Gruta aún era un proyecto lleno de promesas, Thiago, un joven reportero lleno de ideales, había tropezado con las primeras señales de corrupción. Documentos encontrados por casualidad revelaban irregularidades en los contratos de construcción, vicios ocultos y desvíos de fondos.

Thiago concertó una reunión con Castro, el promotor del proyecto, en un intento de confrontarlo con la verdad.

Thiago: (con determinación) "He revisado los contratos y he encontrado discrepancias. Esto no solo afecta la calidad del proyecto, sino también la seguridad de los futuros residentes."

Castro: (desestimando) "Thiago, los ajustes son normales en proyectos de esta envergadura. Esto no es algo que deba preocuparte."

Thiago: (firme) "No puedo ignorar esto. Voy a llevar este caso a una instancia superior."

Determinado, Thiago contactó con Test-Aankoop, una asociación belga de defensa del consumidor. Tras evaluar la evidencia, la organización decidió intervenir, dando inicio a una batalla legal que pondría a prueba la determinación de Thiago.

Flashback 2: El Precio de la Verdad

El compromiso de Thiago con la justicia le costó caro. A medida que su lucha por exponer la corrupción avanzaba, fue marcado como un alborotador, un elemento perturbador en una comunidad que prefería mirar hacia otro lado. La presión social y las amenazas lo aislaron, pero no lograron quebrantar su espíritu.

Doroteo, al recordar aquellos eventos, comprendió la magnitud de la valentía de Thiago y lo esencial de su lucha para forjar el camino hacia una comunidad más justa.

Flashback 3: El Sacrificio La tensión alcanzó su punto álgido cuando Thiago fue acusado falsamente de sabotaje, una maniobra diseñada para desacreditarlo completamente y alejarlo de La Gruta. Esta acusación no solo puso en peligro su libertad, sino también la seguridad de su familia.

La decisión de Thiago de alejarse, sacrificando su hogar en busca de protección para sus seres queridos, se convirtió en el capítulo más doloroso de su vida. La trama contra Thiago en "El enigma de la gruta" se convirtió en una verdadera prueba de fuego, desafiando no solo su resiliencia sino también su fe en la justicia. La acusación de sabotaje, fabricada por César con la complicidad de Yanay y Means Cookings, fue un golpe bajo que buscaba no solo desacreditarlo sino también expulsarlo de su propio hogar, una maniobra maquiavélica destinada a silenciar su lucha por la verdad y la integridad de la comunidad. En el juicio inicial: Thiago, de pie frente al tribunal, se mantuvo firme, su mirada era la de alguien que, a pesar de estar acorralado por la adversidad, no permitiría que la falsedad dictara su destino. Presentó meticulosamente las pruebas que desmontaban las acusaciones en su contra, evidencias que demostraban no solo su inocencia sino también el elaborado esquema detrás de la denuncia. Thiago: (con voz clara y determinada) Honorable corte, lo que se presenta ante ustedes no es más que un intento desesperado por parte de individuos que buscan desviar la atención de sus propias malversaciones. Aquí tengo las pruebas que no solo aclaran mi posición, sino que también arrojan luz sobre las verdaderas intenciones detrás de esta acusación. La absolución de Thiago en el juicio inicial fue un momento de alivio y vindicación, pero César, en un intento por mantener su influencia y poder dentro de "La

Gruta", decidió apelar la decisión, llevando el caso ante la Audiencia Provincial de Bruselas. En la Audiencia Provincial de Bruselas: El segundo juicio fue aún más tenso, con César y sus aliados redoblando sus esfuerzos para ensombrecer la reputación de Thiago. Sin embargo, la verdad tiene una manera inquebrantable de abrirse paso a través de las sombras de la duda y la mentira. Thiago, una vez más, presentó un caso irrefutable, reforzado por el apoyo de aquellos en la comunidad que habían sido testigos de su integridad y dedicación. Veredicto: La corte, tras cuidadosa deliberación, absuelve nuevamente a Thiago, reconociendo la falta de fundamentos en las acusaciones y destacando la manipulación evidente detrás del intento de difamación. Esta segunda absolución fue un golpe devastador para César y sus cómplices, desmantelando sus esperanzas de expulsar a Thiago de la comunidad. Para Thiago, sin embargo, fue mucho más que una victoria legal; fue una reafirmación de su compromiso con la justicia y la verdad. Thiago: (reflexionando después del juicio) Aunque estos han sido tiempos de gran tribulación para mí y mi familia, esta lucha reafirma mi creencia en la justicia y en la importancia de defender lo que es correcto, sin importar las adversidades. La comunidad de "La Gruta", testigo de esta batalla por la verdad, comenzó a ver a Thiago no solo como un vecino, sino como un faro de integridad y coraje.

Capítulo 5: La Red de la Maldad

En el corazón de La Gruta, los muros de modernidad ocultaban un entramado oscuro de ambiciones y secretos. Las tensiones que habían germinado con el tiempo llegaron a un punto de ebullición, poniendo a prueba las alianzas y los valores de quienes allí residían. Este capítulo sería recordado como el momento en que la comunidad enfrentó sus peores demonios, encarnados en las acciones calculadoras y despiadadas de César, quien tejía su red de manipulación y control con una precisión escalofriante.

La Partida de Doroteo y el Vacío en La Gruta

La decisión de Doroteo y su familia de abandonar La Gruta marcó un antes y un después en la vida del complejo residencial. Las maquinaciones de César y los chismes venenosos de su esposa, Clotilde, habían creado un ambiente irrespirable para Doroteo, cuya prioridad era garantizar un futuro saludable para su hija pequeña.

La familia se trasladó a Overijse, un tranquilo pueblo en las afueras de Bruselas, rodeado de naturaleza y lejos de las tensiones que dominaban

La Gruta. Allí encontraron un respiro, un nuevo hogar donde reconstruir sus vidas. Para Doroteo, la distancia era tanto un alivio como una tristeza, ya que dejaba atrás no solo una batalla inconclusa, sino también a aliados que continuarían enfrentando la oscuridad.

Thiago: La Voz de la Justicia

Con la marcha de Doroteo, Thiago asumió el liderazgo moral de la comunidad. En una tensa reunión comunitaria, con documentos en mano y el apoyo de los vecinos más conscientes, Thiago denunció públicamente las irregularidades que habían plagado La Gruta durante años.

Thiago: (con voz firme) "No es solo una cuestión de cuentas mal manejadas, sino de valores corrompidos. No podemos seguir permitiendo que unos pocos se beneficien a costa del bienestar de todos."

Su denuncia resonó en la sala. Algunos vecinos, atemorizados por posibles represalias, guardaron silencio; otros, inspirados por la valentía de Thiago, comenzaron a hacer preguntas, a exigir transparencia y a apoyar las medidas para reformar la comunidad.

César: El Artífice de la Maldad

Mientras Thiago ganaba apoyo, César, herido en su orgullo, intensificó sus esfuerzos por mantener el control. Convocó reuniones clandestinas en lugares como Las Cuevas de Naulette, un café conocido por su ambiente misterioso, donde conspiró con sus aliados más leales, entre ellos Yanay y Means Cookings.

César: (con una sonrisa helada) "Thiago está ganando terreno, pero no subestimen mi capacidad. Cada movimiento suyo será un paso hacia su propia caída."

En esas reuniones, César y su círculo planearon estrategias para desacreditar a Thiago. Las calumnias en redes sociales, lideradas por una supuesta asociación llamada "Asociación Zorra", se convirtieron en el arma principal de César. Desde esa plataforma, difundieron mentiras sobre Thiago, acusándolo de ser un "psicópata, borracho y maltratador".

La Respuesta de Thiago

Thiago, lejos de dejarse intimidar, respondió con la misma tenacidad que había mostrado desde el principio. Recopiló pruebas, desmintió públicamente las acusaciones y redobló sus esfuerzos para movilizar a los vecinos.

Thiago en X: "Las mentiras no nos detendrán. Aquí están los hechos y las pruebas. La verdad siempre prevalecerá sobre la manipulación."

Su campaña en redes sociales expuso las irregularidades de César y su círculo, incluyendo desvíos de fondos y manipulaciones en las decisiones comunitarias. Este acto de valentía no solo fortaleció su posición, sino que también inspiró a otros a alzar la voz contra las injusticias.

El Juicio y el Perdón

El enfrentamiento final llegó en el tribunal. Con todas las pruebas en mano, Thiago presentó su caso, desenmascarando la red de corrupción liderada por César. La sala de audiencias fue testigo de una lucha entre la verdad y la manipulación.

Juez: (mirando a Thiago) "Señor, ¿desea que se imponga una sanción penal al acusado?"

Thiago, tras una breve pausa, decidió:
Thiago: "No, señoría. Mi lucha no es por venganza, sino por justicia y reconstrucción. Creo en el cambio y en la posibilidad de un futuro mejor para todos."

La decisión de Thiago sorprendió a muchos, incluido César, quien, lejos de agradecer el gesto, lo interpretó como debilidad. Este perdón, sin embargo, no fue un signo de derrota, sino un acto de fe en la capacidad de la comunidad para sanar y crecer.

El Impacto en La Gruta

La revelación de las calumnias y los abusos de César marcó un punto de inflexión. Aunque algunos vecinos seguían temerosos, la mayoría comenzó a ver a César por lo que realmente era: un manipulador impulsado por la avaricia. Las reuniones comunitarias, antes dominadas por tensiones y mentiras, se convirtieron en espacios de diálogo y reconstrucción.

Thiago lideró iniciativas para fortalecer los lazos comunitarios, promoviendo proyectos de colaboración y transparencia. Aunque el camino era arduo, la comunidad comenzó a moverse hacia un futuro más sólido y unido.

Ecos de la Red de la Maldad

A pesar de sus intentos por rehabilitar su imagen, César quedó aislado, atrapado en la red que él mismo había tejido. Thiago, por otro lado, se convirtió en un símbolo de resistencia y esperanza, demostrando que incluso en los momentos más oscuros, la integridad y el coraje pueden iluminar el camino.

La Gruta, ahora libre de los hilos de la maldad, comenzaba a reconstruirse, uniendo a sus habitantes bajo un propósito común: crear un hogar basado en la justicia, la verdad y la cooperación. La batalla no había terminado, pero el espíritu de Thiago y la comunidad marcaban el inicio de una nueva era.

Capítulo 6: Alianzas Fracturadas.

La atmósfera en "El enigma de la gruta" se había vuelto eléctrica, cargada con la energía de secretos a punto de ser revelados y alianzas al borde de la ruptura. La investigación meticulosa de Thiago había comenzado a arrojar luz sobre las sombras que César y su círculo íntimo habían tejido alrededor de la comunidad. Pero con cada verdad descubierta, las tensiones dentro de La Gruta se intensificaban, obligando a sus habitantes a tomar decisiones que marcarían el futuro del complejo residencial. La decisión de Thiago de mantenerse firme en su resolución y no caer en las provocaciones de César demostraba una vez más su integridad y su compromiso inquebrantable con la justicia. A pesar de las renovadas maquinaciones de César, que se jactaba falsamente de una absolución que nunca había sido tal, Thiago no se dejaba distraer. Sabía que la verdadera victoria residía no en los pequeños triunfos personales, sino en el bienestar colectivo de "La Gruta". La maniobra de César para controlar el proceso de elección en la Comunidad de Propietarios era un golpe bajo, un intento de consolidar su poder al excluir a Thiago y a cualquier otro disidente potencial de la toma de decisiones. César creía que, al asegurar el control sobre la administración de "La Gruta", podría manipular la comunidad a su antojo, perpetuando su red de influencias y corrupción. Thiago: (reflexionando sobre la situación) "Este nuevo esquema de César no es más que otro eslabón en su cadena de manipulaciones. Pero cada acción deja una huella, y es mi deber seguir esas huellas hasta desentrañar toda la verdad." Consciente de que enfrentarse a César en su propio juego sería infructuoso, Thiago optó por una estrategia más sutil y a largo plazo. Comenzó a trabajar en la creación de una plataforma de transparencia, un espacio donde los residentes de "La Gruta" pudieran compartir información, discutir abiertamente las decisiones de la Comunidad de Propietarios y proponer cambios en el proceso de elección para garantizar una representación justa y equitativa. Thiago: "Si César quiere controlar la narrativa, entonces nosotros expandiremos el diálogo. Haremos que cada voz cuente, que cada preocupación sea escuchada. La democracia y la justicia florecerán desde las raíces de nuestra comunidad." La plataforma rápidamente ganó tracción entre los residentes de "La Gruta", que veían en ella una oportunidad para recuperar el control sobre el destino de su comunidad. Las discusiones se multiplicaron, y las propuestas para reformar el proceso de elección comenzaron a tomar forma. La comunidad estaba despertando, uniéndose en torno a la visión de un futuro más inclusivo y transparente. La respuesta de César a esta movilización no se hizo esperar. Consciente de que su influencia estaba en riesgo, intentó desacreditar la plataforma y a Thiago, pero la solidaridad creciente entre los residentes hacía que sus tácticas fueran cada vez menos efectivas. La red de apoyo mutuo que Thiago había ayudado a construir era ahora una fuerza poderosa, capaz de resistir y contrarrestar los intentos de manipulación de César La Disolución de Alianzas Los antiguos aliados de César, aquellos que una vez se beneficiaron de su favor y compartieron su mesa, comenzaban a cuestionar su lealtad. Las revelaciones sobre la extensión de la corrupción y el abuso de poder habían sembrado dudas y miedo en los corazones de muchos. Las promesas de lealtad, una vez dadas libremente, ahora se veían fracturadas por la desconfianza y el temor a las repercusiones de estar del lado equivocado de la historia. La decisión de Thiago de mantenerse firme en su resolución y no caer en las provocaciones de César demostraba una vez más su integridad y su compromiso inquebrantable con la justicia. A pesar de las renovadas maquinaciones de César, que se jactaba falsamente de una absolución que nunca había sido tal, Thiago no se dejaba distraer. Sabía que la verdadera victoria residía no en los pequeños triunfos personales, sino en el bienestar colectivo de "La Gruta". La maniobra de César para controlar el proceso de elección en la Comunidad de Propietarios era un golpe bajo, un intento de consolidar su poder al excluir a Thiago y a cualquier otro disidente potencial de la toma de decisiones. César creía que, al asegurar el control sobre la administración de "La Gruta", podría manipular la comunidad a su antojo, perpetuando su red de influencias y corrupción. Thiago: (reflexionando sobre la situación) "Este nuevo esquema de César no es más que otro eslabón en su cadena de manipulaciones. Pero cada acción deja una huella, y es mi deber seguir esas huellas hasta desentrañar toda la verdad." Consciente de que enfrentarse a César en su propio juego sería infructuoso, Thiago optó por una estrategia más sutil y a largo plazo. Comenzó a trabajar en la creación de una plataforma de transparencia, un espacio donde los residentes de "La Gruta" pudieran compartir información, discutir abiertamente las decisiones de la Comunidad de Propietarios y proponer cambios en el proceso de elección para garantizar una representación justa y equitativa. Thiago: "Si César quiere controlar la narrativa, entonces nosotros expandiremos el diálogo. Haremos que cada voz cuente, que cada preocupación sea escuchada. La democracia y la justicia florecerán desde las raíces de nuestra comunidad." La plataforma rápidamente ganó tracción entre los residentes de "La Gruta", que veían en ella una oportunidad para recuperar el control sobre el destino de su comunidad. Las discusiones se multiplicaron, y las propuestas para reformar el proceso de elección comenzaron a tomar forma. La comunidad estaba despertando, uniéndose en torno a la visión de un futuro más inclusivo y transparente. La respuesta de César a esta movilización no se hizo esperar. Consciente de que su influencia estaba en riesgo, intentó desacreditar la plataforma y a Thiago, pero la solidaridad creciente entre los residentes hacía que sus tácticas fueran cada vez menos efectivas. La red de apoyo mutuo que Thiago había ayudado a construir era ahora una fuerza poderosa, capaz de resistir y contrarrestar los intentos de manipulación de César.

La Elección para los habitantes de La Gruta, la crisis había forzado una elección: seguir apoyando a César, a pesar de las crecientes pruebas de su corrupción, o unirse a Thiago y Doroteo en su lucha por la justicia y la transparencia. Esta decisión no era fácil. Algunos, temerosos de perder el estatus y los beneficios obtenidos durante el reinado de César, optaron por cerrar los ojos ante la verdad. Otros, sin embargo, movidos por la valentía de Thiago y la convicción de Doroteo, comenzaron a hablar, compartiendo sus propias historias y evidencias de los abusos que habían presenciado o sufrido. Los Secretos Salen a la Luz Con cada día que pasaba, más secretos salían a la luz, cada uno añadiendo peso al caso contra César. Documentos financieros, grabaciones de conversaciones comprometedoras, testimonios de antiguos cómplices convertidos en informantes; la evidencia se acumulaba, delineando un patrón de conducta que no podía ser ignorado. El Punto de Ebullición La situación dentro de La Gruta alcanzó su punto de ebullición durante una asamblea comunitaria convocada para discutir las acusaciones contra César. La sala, abarrotada de vecinos divididos por sus lealtades, se convirtió en el escenario de un enfrentamiento verbal que pronto escaló a acusaciones abiertas y demandas de justicia. César, enfrentado por la ira y la decepción de aquellos a quienes una vez consideró aliados, intentó defenderse. Sin embargo, las palabras se desvanecían frente a la abrumadora evidencia presentada por Thiago. La división en la sala era palpable, un reflejo de las alianzas fracturadas que ahora definían a La Gruta. Conclusión "Alianzas Fracturadas" no era solo un capítulo en la historia de La Gruta; era un espejo de los conflictos y las decisiones que enfrentamos en momentos de crisis. La lucha de Thiago y Doroteo, lejos de ser simplemente una batalla contra un individuo corrupto, se había convertido en un símbolo de la lucha más amplia por la integridad, la comunidad y la esperanza de un futuro mejor. La Gruta, en el umbral de un nuevo amanecer, se encontraba en un momento decisivo, con el destino de su comunidad colgando en el equilibrio de las elecciones de sus habitantes.

Capítulo 7: El Despertar.

La atmósfera en "El enigma de la gruta" se había cargado con la electricidad de la inminente tormenta. La comunidad, una vez un modelo de cohesión y armonía, se encontraba ahora en el epicentro de un conflicto que amenazaba con desgarrar el tejido mismo de su existencia. Las alianzas que habían sostenido la paz se fracturaban bajo el peso de verdades reveladas y secretos oscuros que, uno tras otro, salían a la luz. Confrontaciones Directas La tensión acumulada encontró su válvula de escape en confrontaciones directas entre Thiago y César. Estos encuentros, cargados de años de resentimientos y verdades no dichas, se convirtieron en el escenario donde se jugaría el futuro de La Gruta. Thiago, con la determinación de quien nada tiene que perder, enfrentaba a César no solo con pruebas de sus actos corruptos, sino también con la firme convicción de que era hora de cambiar el curso de la comunidad. La Transformación de César Fue en medio de estas confrontaciones que se comenzó a vislumbrar una transformación inesperada en César. La constante presión y el peso abrumador de sus propias acciones comenzaron a fisurar la armadura de invulnerabilidad que había construido a su alrededor. La realidad de las consecuencias de sus actos, la visión de una comunidad dividida y en conflicto, empezó a abrir brechas en su convicción de que sus fines justificaban los medios. Búsqueda de Redención Con cada nuevo secreto revelado, con cada irregularidad sacada a la luz por la auditoría impulsada por Thiago, César se veía obligado a enfrentarse no solo a sus adversarios, sino a sí mismo. La comprensión de que su legado podría ser el de un tirano, y no el de un líder visionario, lo empujó hacia un camino de búsqueda de redención. Esta búsqueda lo llevó a tomar decisiones drásticas, comenzando por un cambio precipitado de banco y de administrador para La Gruta. El nuevo administrador, ajeno a las redes de influencia de César, inició una auditoría que puso al descubierto las capas de corrupción que habían infectado la administración de la comunidad. Los resultados fueron un golpe devastador para aquellos que habían participado en el esquema de César, pero también un primer paso hacia la sanación de La Gruta. El Legado Enfrentado a la realidad de sus acciones y al dolor que habían causado, César inició un difícil camino hacia la redención. Su transformación, de un líder corrupto a alguien que genuinamente buscaba reparar el daño hecho, no fue fácil ni exenta de escepticismo por parte de la comunidad. Sin embargo, su disposición a enfrentar las consecuencias de sus actos y su esfuerzo por contribuir a la reconstrucción de La Gruta marcaron el inicio de una nueva era para la comunidad. El Despertar "El Despertar" no es solo la historia de la confrontación entre Thiago y César, sino también la crónica de una comunidad enfrentándose a sus demonios internos y emergiendo, aunque herida, con una nueva esperanza. La Gruta, al borde del abismo, encontró en la crisis la oportunidad de reinventarse, demostrando que incluso en los momentos más oscuros, el despertar a una nueva realidad es posible La decisión de cambiar de administrador reveló discrepancias preocupantes en las finanzas de la comunidad, lo que avivó aún más las llamas del conflicto. Los errores encontrados en las cuentas, que iban desde pequeñas irregularidades hasta posibles faltantes significativos, sembraron dudas y desconfianza entre los vecinos. En medio de esta tormenta, la comunidad se encontró en una encrucijada. Por un lado, el camino fácil sería ceder a la división y al resentimiento. Por otro, enfrentar los desafíos juntos, reconociendo que la única manera de superar esta crisis sería a través de la unidad y la acción colectiva.

Capítulo 8: La Caída.

El clímax se despliega en "El enigma de la gruta", donde la tensión y los conflictos acumulados finalmente alcanzan su punto álgido. La comunidad, fracturada por secretos y traiciones, se encuentra en una encrucijada crítica, enfrentándose a la disyuntiva de unirse para combatir la verdadera fuente de la maldad o sucumbir, permitiendo que la corrupción y el despotismo dicten su futuro. Unidad Frente a la Adversidad La revelación completa de las maquinaciones de César, junto con la evidencia de corrupción sistémica que Thiago y Doroteo han sacado a la luz, sirve como catalizador para la acción colectiva. La comunidad, antes dividida por la duda y el miedo, comienza a percibir la magnitud del peligro que enfrentan. Es este entendimiento compartido el que los impulsa a dejar de lado sus diferencias y a unirse en un esfuerzo por rescatar a La Gruta de las sombras que amenazan con engullirla. La Resistencia de César César, enfrentado a la creciente oposición de la comunidad y a la disolución de su red de influencias, se aferra al poder con desesperación. En un último intento por salvaguardar su legado y su control sobre La Gruta, traza un plan que amenaza con destruir no solo las bases físicas del complejo residencial, sino también el espíritu de comunidad que aún lucha por sobrevivir. El Confrontamiento Final La confrontación final es tanto un enfrentamiento físico como moral. Thiago, Doroteo y los residentes de La Gruta se movilizan para impedir que César ejecute su último plan. Es una batalla cargada de simbolismo, donde cada acción y cada decisión reafirman su rechazo a la tiranía y su compromiso con un futuro mejor. Redención y Renovación En el clímax de la confrontación, César se ve obligado a enfrentar las consecuencias de sus actos. La presión de la comunidad unida, junto con el peso de su propia conciencia, lo lleva a un momento de lucidez donde comprende el verdadero impacto de sus decisiones. Este despertar, aunque tardío, marca el inicio de su búsqueda de redención. El Renacimiento de La Gruta El resultado de la confrontación es decisivo. La comunidad, a través de su unidad y resiliencia, logra desmantelar el último esfuerzo de César por mantener el control, salvando a La Gruta de la destrucción. Este triunfo no solo representa la caída de un régimen corrupto, sino también el renacimiento de La Gruta como un verdadero hogar para sus residentes. En las ruinas de la vieja estructura de poder, se siembran las semillas de una nueva era para La Gruta, una basada en la transparencia, la equidad y la colaboración. La comunidad, fortalecida por las pruebas superadas, se embarca en un proceso de reconstrucción no solo física, sino también moral y social. La Caída no es el fin de El enigma de la gruta, sino el comienzo de su verdadera historia. Es el relato de cómo una comunidad, al borde de la fragmentación, encuentra en su momento más oscuro la fuerza para unirse y reclamar su derecho a un futuro definido por la esperanza, la justicia y la solidaridad. La legalidad de la querella de Thiago obligó a todos, incluido César, a reconsiderar sus acciones y motivaciones. Este proceso no estuvo exento de dificultades y confrontaciones; sin embargo, también ofreció momentos de reflexión y posibles caminos hacia la reconciliación. En este contexto, la comunidad comenzó a redescubrir su capacidad para el diálogo y la acción colectiva. Los talleres de mediación y gestión de conflictos se convirtieron en herramientas valiosas para restaurar la comunicación. Las asambleas comunitarias, antes campos de batalla, se transformaron en espacios de debate constructivo y toma de decisiones colaboradoras. La revelación de que algunos miembros de la comunidad, incluidos aquellos cercanos a César, habían iniciado obras sin las licencias urbanísticas requeridas, añadió combustible al ya incendiario conflicto entre Thiago y los infractores. Este descubrimiento no solo exacerbó las tensiones existentes, sino que también planteó serias preguntas sobre la integridad y el respeto por las normativas que deben regir en cualquier comunidad organizada. Thiago, actuando en su característico papel de defensor de la transparencia y la justicia, tomó la iniciativa de abordar estas violaciones no solo como una cuestión de legalidad, sino como un reflejo de los valores y principios que querían promover dentro de la comunidad. La situación requería una respuesta cuidadosa que equilibrara la necesidad de cumplir con la ley con el deseo de mantener la cohesión comunitaria. Durante la reunión, se enfatizó la importancia de adherirse a las normativas urbanísticas, no solo por obligación legal, sino como parte del compromiso compartido con el bienestar y la seguridad de toda la comunidad. Se ofreció a los infractores la oportunidad de regularizar su situación, comprometiéndose a detener inmediatamente las obras en curso y a solicitar las licencias pertinentes. Además, se acordó establecer un comité de urbanismo dentro de la comunidad para supervisar futuras obras y garantizar su cumplimiento con las normas locales. La respuesta a esta iniciativa fue mixta. Mientras que algunos aplaudieron la propuesta por su enfoque en la resolución pacífica y el compromiso con la legalidad, otros la vieron como una imposición restrictiva. Sin embargo, la mayoría reconoció la necesidad de actuar de acuerdo con la ley para proteger los intereses de todos y evitar posibles sanciones que podrían afectar a la comunidad en su conjunto.

Capítulo 9: Renacimiento.

 Tras la querella de Thiago La tormenta había pasado, dejando a "El enigma de la gruta" en una calma cargada de posibilidades. La querella de Thiago, que se había alzado como el clímax de una larga lucha contra la corrupción y la desunión, ahora marcaba el inicio de una nueva era para la comunidad. Los habitantes de La Gruta, habiendo atravesado las sombras juntos, se encontraban al amanecer de un proceso de sanación y reconstrucción. Sanación Colectiva La sanación comenzó con el reconocimiento de las heridas pasadas. Las reuniones comunitarias, que una vez fueron escenarios de confrontación y división, se transformaron en espacios de diálogo abierto y reconciliación. Thiago, junto con Doroteo y otros líderes emergentes, fomentaron un ambiente de transparencia y confianza, donde cada voz tenía el poder de contribuir al renacimiento de La Gruta. Reconstrucción de la Comunidad El esfuerzo colectivo para reconstruir La Gruta se materializó en proyectos que iban más allá de la reparación física de los espacios dañados. Se iniciaron iniciativas para revitalizar las áreas comunes, crear programas de apoyo mutuo y establecer nuevos principios de gobernanza comunitaria basados en la equidad y la participación activa. La Gruta comenzaba a perfilarse no solo como un lugar para vivir, sino como un verdadero hogar para todos sus residentes. Dejando Atrás los Viejos Rencores El proceso de reconstrucción también implicó dejar atrás los viejos rencores. La comunidad reconoció que, para avanzar, era necesario perdonar, sin olvidar las lecciones aprendidas. Este camino hacia el perdón no fue sencillo; requirió de mucha empatía y comprensión. Sin embargo, la voluntad compartida de construir un futuro mejor sirvió como puente sobre las divisiones pasadas. La Transformación de César Incluso César, cuyas acciones habían sido el catalizador de tanto conflicto, encontró un lugar en este nuevo capítulo de La Gruta. Su búsqueda de redención, aunque inicialmente recibida con escepticismo, gradualmente comenzó a ser vista como sincera. César se involucró en proyectos de servicio comunitario, ofreciendo su experiencia y recursos para el bien común, como una forma de reparar el daño causado. Un Nuevo Amanecer "Renacimiento tras la querella de Thiago" culmina con la celebración de un nuevo amanecer para La Gruta. La comunidad, una vez fragmentada por la desconfianza y el miedo, ahora se encontraba unida en su diversidad. Las risas y las conversaciones volvieron a llenar las áreas comunes, y el aire se cargó con una sensación de esperanza y renovación. El enigma de la gruta, rebautizada simplemente como La Gruta, se convirtió en un testimonio del poder de la resiliencia comunitaria. La querella de Thiago, lejos de ser el final, fue el comienzo de una historia de superación y unidad. En este renacimiento, la comunidad aprendió que, incluso en los momentos más oscuros, la luz de la

61

solidaridad y el compromiso compartido puede guiar el camino hacia un futuro prometedor.

Capítulo 10: La Sombra Persistente Los años transcurrían, y lejos de atenuarse, las tensiones entre Thiago y un ominoso adversario solo se intensificaban. En el transcurso del 2021, las amenazas anónimas a través de las redes sociales se convirtieron en una constante sombría en la vida de Thiago, quien, armado con paciencia y determinación, capturaba cada comentario venenoso como evidencia de un acoso persistente. Sabía bien que, en España, la policía a menudo se veía limitada, ya sea por falta de recursos o por los enigmáticos contactos de su antagonista, dejando a Thiago en una lucha desigual por justicia. A medida que los años transcurrían en "El enigma de la gruta", la esperanza de una comunidad renacida se veía ensombrecida por la persistencia de un conflicto sin resolver. La querella de Thiago, a pesar de sus esfuerzos por sanar las heridas pasadas y avanzar hacia un futuro más prometedor, encontraba un obstáculo inesperado: la ausencia de una resolución legal definitiva y el acecho constante de un adversario que se negaba a desvanecerse en el olvido. Acoso en la Sombra El 2021 marcó un punto de inflexión en la batalla de Thiago por la justicia. Las amenazas anónimas, que se filtraban a través de las redes sociales como veneno digital, se convirtieron en una sombra omnipresente en su vida. Cada comentario malintencionado, cada insinuación velada, era recopilado por Thiago como evidencia de un acoso que, aunque impersonal, era profundamente perturbador. La lucha de Thiago se encontraba ahora en dos frentes: el esfuerzo por mantener la cohesión y el espíritu renovado de La Gruta, y la batalla personal contra un enemigo que se escondía tras el anonimato de internet. Esta dualidad de desafíos ponía a prueba no solo su resistencia, sino también su fe en el sistema judicial y en la comunidad que había luchado tanto por proteger. Limitaciones y Desafíos La realidad del sistema policial en España, con sus limitaciones de recursos y la complejidad de enfrentar a adversarios protegidos por conexiones enigmáticas, dejaba a Thiago en una posición desventajosa. A pesar de estos obstáculos, su determinación no flaqueaba. Armado con paciencia y una voluntad de hierro, Thiago continuaba su lucha, esperando que cada pieza de evidencia acumulada eventualmente condujera a la justicia. Un Acto de Conciliación Fallido Un acto previo de conciliación, donde César se había negado a reconocer los hechos, había dejado en claro que la batalla legal sería larga y ardua. La falta de una citación formal y la incertidumbre sobre la querella añadían capas de frustración y ansiedad a la ya compleja situación de Thiago. Sin embargo, lejos de rendirse, este impasse servía para fortalecer su resolución. Hacia un Futuro Incierto En este capítulo de la vida de La Gruta, Thiago se encuentra navegando por aguas turbulentas, luchando por mantener a flote los ideales de justicia y comunidad en un mar de adversidades. La sombra persistente de su ominoso adversario es un recordatorio constante de que, aunque se haya logrado mucho, la lucha está lejos de terminar. El camino hacia la justicia es largo y está plagado de desafíos, pero Thiago y la comunidad de La Gruta se mantienen firmes en su convicción de que, al final, la luz de la verdad y la solidaridad prevalecerán sobre las sombras del conflicto y la división. La historia de La Gruta, con Thiago a la vanguardia, continúa escribiéndose, un capítulo a la vez, hacia un futuro donde la esperanza y la justicia sean finalmente alcanzadas Remontándose al 2008, Thiago, por aquel entonces tenía su residencia en Sevilla, recordaba con claridad el día en que encontró una nota impresa y un manuscrito amenazante en su buzón. Las palabras eran un ultimátum cruel: vender su vivienda y desaparecer. A pesar de que llevó el caso ante la policía, su esfuerzo parecía haber sido en vano. La Jueza Alaya, del Juzgado 6 de Instrucción de Sevilla, archivó el caso por falta de un autor identificable. Incluso reprendió a la policía por su lentitud, pero el dossier quedó olvidado, un recuerdo amargo de un sistema que parecía fallarle. Hoy, 4 de febrero de 2024, el caso permanece archivado, probablemente prescrito, una circunstancia que solo ha envalentonado más a su perseguidor. Thiago, con su formación en derecho

y criminología, no podía dejar de pensar en cómo
su agresor parecía disfrutar de una protección
"oficial" que lo mantenía fuera del alcance de la
ley. La situación escaló en 2021, cuando la policía
irrumpió en su hogar, alertada por una falsa
acusación de violencia de género. Thiago, su
pareja, e hija quedaron consternados ante la
acusación infundada. Al día siguiente, Thiago
buscó respuestas en los juzgados, pero veinte días
más tarde, el mismo individuo volvía a lanzar
acusaciones similares, sumiendo a Thiago en una
desesperante frustración e impotencia. Finalmente,
un informe policial reveló la identidad de su
acosador, un vecino cuya hostilidad parecía no
tener límites. A pesar de las pruebas, el caso fue
archivado provisionalmente, una decisión que dejó
a Thiago contemplando la posibilidad de haber
buscado justicia por la vía civil en lugar de la penal.
El colmo llegó cuando el acosador, en un giro
audaz, negó haber contactado a la policía y acusó a
Thiago de ser el verdadero instigador de los
problemas. Sin embargo, enfrentado a una querella
y sin reconocer los hechos durante un acto de
conciliación, las pruebas en contra del acosador
eran irrefutables. En el año 2022, la vida de Thiago
tomó un giro aún más dramático cuando se vio
envuelto en una conspiración urdida por un grupo
diverso y colorido de personajes: Policarpio y su
esposa Remigia, una pareja con motivaciones
oscuras; Ismael y Charlotte, dúo enigmático con
sus propias razones; César, un gerente aeronáutico
de carácter fuerte, y su esposa Florinda, de

aparente dulzura pero con una voluntad de hierro; Popeye, conocido cariñosamente como Pope entre sus amigos, y su esposa Casilda; junto a Karls y Nutella, y Doroteo y Clotilde, cada uno aportando a la trama con sus peculiares personalidades y deseos vengativos. Este ensamble, por razones que reflejaban una mezcla de envidia, malentendidos, y rencillas antiguas, se unieron en un frente común contra Thiago. Conspiraron para acusarlo penalmente, esperando que la mera cantidad de voces en su contra inclinar la balanza de la justicia hacia su favor. Armados con declaraciones coordinadas y pruebas fabricadas, parecían imbatibles. Sin embargo, la verdad tiene una manera de abrirse camino a través de las sombras de la mentira. A pesar de ser trece contra uno, la estrategia de Thiago de enfrentar la adversidad con una mezcla de resiliencia y astucia legal resultó ser su salvación. Las declaraciones y las pruebas presentadas contra él, aunque numerosas y preparadas a conciencia con muchas falacias, no resistieron el escrutinio de un juicio justo. La falta de coherencia y la evidente fabricación de las acusaciones se hicieron evidentes, llevando a su absolución. La confirmación de la absolución por parte de la Audiencia Provincial no solo fue una vindicación para Thiago, sino que también sirvió como un recordatorio contundente de que la verdad, por más que sea atacada por la conspiración y la falsedad, prevalecerá al final. Remigia y Charlotte, eran afamadas en sacar conclusiones extravagantes de los demás, este tipo de mujeres de un solo hombre en toda su vida, aburrida y dedicada a criar hijos, eran expertas en critiqueos, además para sus adentros les gustaba la actitud de Thiago, pero su envidia y el miedo a desafiar las convenciones sociales las llevaban a actuar contra él de maneras indirectas y maliciosas. En el fondo, la independencia y el coraje de Thiago para enfrentar adversidades y vivir según sus propios términos les provocaba tanto admiración como resentimiento. Esta dualidad en sus sentimientos era algo que ni Remigia ni Charlotte podían admitir abiertamente, ni siquiera a ellas mismas. Thiago, por su parte, se mantenía ajeno a las verdaderas motivaciones detrás de las acciones de estas mujeres. Él continuaba su vida, dedicado a su familia y a defenderse de las acusaciones y trampas que sus vecinos le tendían. Pero la atmósfera en la comunidad se había vuelto cada vez más tóxica, una mezcla de rumores infundados, envidias escondidas y conflictos soterrados que encontraban su expresión más clara en las reuniones clandestinas donde Policarpo, Remigia, y el resto de sus aliados planeaban su próximo movimiento. Fue en una de estas reuniones, bajo la sombra creciente de La Gruta, un lugar que había sido testigo silencioso de secretos y conspiraciones durante generaciones, donde la trama contra Thiago tomó un nuevo giro. El grupo decidió que era hora de aumentar la presión, de forzar a Thiago a abandonar no solo su casa sino también la comunidad que, a pesar de todo, él consideraba su hogar. Sin embargo, la determinación de Thiago no

era algo que pudiera ser subestimado. A través de
sus estudios en derecho y criminología, había
aprendido no solo a defenderse en los tribunales,
sino también a entender la psicología detrás de las
acciones de sus adversarios. Sabía que enfrentaba a
un grupo determinado a verlo caer, pero también
sabía que la verdad y la justicia eran sus aliados
más poderosos. La tensión entre Thiago y el grupo
de conspiradores alcanzó su punto culminante una
noche de otoño, cuando un evento inesperado
obligó a todos en la comunidad a reconsiderar sus
acciones y sus motivaciones. Una crisis, que
amenazaba a todos por igual, puso en perspectiva
las pequeñas mezquindades y las luchas de poder.
En la fresca noche de otoño, la gruta se hallaba en
un silencio inusual, como si la misma naturaleza
anticipara la tempestad que se avecinaba. La
reunión, convocada por los conspiradores en uno
de los salones más recónditos, se llevó a cabo bajo
el manto de la discreción. Las palabras
pronunciadas en aquel encuentro buscaban tejer
una red de intrigas destinada a expulsar a Thiago,
quien, a ojos de algunos, había crecido demasiado
en influencia y respeto dentro de la comunidad.

Capítulo 10, El desafío.

El Desafío de Thiago Thiago, consciente de los
vientos adversos que soplaban en su contra, se
preparó no solo con la ley y la razón como escudos,
sino también con una profunda comprensión de la
naturaleza humana. Su conocimiento, forjado en

las aulas de derecho y criminología, le otorgaba una perspectiva única sobre los conflictos y las motivaciones ocultas detrás de las acciones de sus opositores. La Crisis La crisis que unió a la comunidad surgió una noche cuando un incendio se desató en una de las alas antiguas de la Gruta. Las llamas, alimentadas por el viento otoñal, amenazaban con consumir no solo estructuras históricas, sino también la confianza y el tejido social que los habitantes habían tejido con tanto esfuerzo. En ese momento crítico, las divisiones y conspiraciones perdieron todo sentido ante la magnitud del peligro compartido. La Valentía de Thiago Thiago, al percatarse del incendio, no dudó en actuar. Con una determinación que inspiraba, lideró los esfuerzos para combatir las llamas, coordinando no solo a los bomberos locales sino también a los vecinos en una cadena humana que pasaba baldes de agua. Su valentía y decisión se convirtieron en el faro que guio a la comunidad a través de la oscuridad y el miedo. La Unidad de la Comunidad La lucha contra el incendio se transformó en un símbolo de la capacidad de la Gruta para unirse ante la adversidad. Viejas rencillas y disputas se disolvieron en el calor del momento, reemplazadas por un sentido de propósito común. La crisis reveló que, más allá de las diferencias, existía un vínculo indestructible que los unía como habitantes de La Gruta. Reflexión y Reconciliación Una vez extinguidas las llamas y con la Gruta a salvo, la comunidad se reunió bajo las estrellas, aún con el olor a humo impregnando el aire. Fue Thiago quien rompió el silencio, su voz resonando con una mezcla de gratitud y exhortación: "Esta noche, hemos demostrado que juntos somos más fuertes que cualquier desafío que se nos presente. Permitamos que este sea el momento en que dejemos atrás las divisiones y trabajemos juntos por el bienestar de todos." El impacto de sus palabras fue palpable. Incluso aquellos que habían conspirado contra él no pudieron evitar sentirse conmovidos por la veracidad y la sinceridad de su mensaje. La crisis había servido como un recordatorio de que, en el fondo, compartían un destino común. La crisis forjó alianzas improbables, y aquellos que una vez fueron adversarios se encontraron trabajando codo con codo por un bien mayor. Remigia y Charlotte, al ver a Thiago en acción, no pudieron evitar sentir una profunda admiración por su liderazgo y su compromiso con el bienestar de todos, incluso de aquellos que le habían hecho daño. En el resplandor del amanecer, después de que la crisis hubiera pasado, algo había cambiado irrevocablemente en la dinámica de la comunidad. La Gruta, testigo de la transformación, ya no era solo un símbolo de secretos oscuros y divisiones, sino también de redención y unidad. Y en el centro de todo, Thiago emergía no solo como un hombre absuelto de falsas acusaciones, sino como un verdadero líder, capaz de trascender las envidias y conflictos que dieron lugar a nuevas tramas. En la penumbra de la noche, bajo el manto protector de las sombras que dibujaba la entrada de La Gruta, se reunieron Policarpo, Remigia, y Charlotte, junto con César y Florinda. La atmósfera estaba cargada de una tensión casi palpable, mientras los susurros se entrelazaban con la brisa fría que escapaba del interior de la cueva. Policarpo: (mirando a cada uno, con una voz baja, pero firme) Sabemos por qué estamos aquí. Thiago se está volviendo más fuerte, más astuto. No podemos subestimarlo. Remigia: (con un tono de preocupación) He notado que algunas personas en la comunidad comienzan a cuestionarnos. Nuestros actos contra Thiago... ¿Estamos yendo demasiado lejos? Charlotte: (interrumpiendo con impaciencia) ¡Demasiado lejos! Thiago es el problema aquí, no nosotros. Pero sí, algo en él me intriga. A pesar de todo lo que hacemos, se mantiene firme. ¿Qué nos está faltando? César: (pensativo) Es su resiliencia. Tiene algo que nosotros no hemos logrado quebrantar. Pero, ¿y si cambiamos nuestra estrategia? ¿Y si en lugar de atacarlo directamente, sembramos dudas entre los suyos? Florinda: (con una sonrisa astuta) Eso podría funcionar. Un poco de veneno en el oído correcto puede hacer maravillas. Pero, ¿quién será nuestro mensajero? ¿Quién es lo suficientemente cercano a Thiago y al mismo tiempo susceptible a nuestras palabras? Policarpio: (con una mirada calculadora) Popeye. Él es la clave. Siempre ha estado en el límite, entre la lealtad y la duda. Con el empujón correcto, podría inclinarse hacia nuestro lado. Remigia: (asintiendo lentamente) Y Casilda. No olvidemos el papel que puede jugar. Ella admira en secreto la libertad que Thiago representa. Si jugamos nuestras cartas correctamente, podríamos usar eso a nuestro favor. La conversación se desliza hacia un silencio cargado de planes y conspiraciones. Los personajes, cada uno con sus propias inseguridades y motivaciones, encuentran un terreno común en su deseo de desestabilizar a Thiago. Sin embargo, detrás de sus palabras, se esconde una mezcla compleja de admiración y envidia hacia él, un reflejo de sus propias luchas internas y deseos no cumplidos. Charlotte: (con un tono de voz que corta el silencio) Actuemos entonces. Mañana comenzaremos a tejer esta nueva red. Thiago no sabrá lo que lo golpea. La reunión se disuelve tan silenciosamente como comenzó, dejando tras de sí un rastro de intriga y maquinaciones. Sin embargo, lo que estos conspiradores no saben es que Thiago, advertido por un aliado anónimo, observa desde las sombras, su silueta apenas distinguible contra el oscuro fondo de La Gruta. Con cada palabra que escucha, su determinación de enfrentar lo que viene se fortalece, consciente de que la verdadera batalla por el alma de la comunidad apenas comienza. En el silencio que siguió a las palabras de Remigia, cada uno meditó sobre el plan. Era evidente que, a pesar de sus diferencias, compartían un objetivo común: reafirmar su influencia sobre la comunidad, desafiada por la creciente estima hacia Thiago. Escena: Confrontación Interna La reunión se disolvió con la promesa de actuar con cautela, pero una vez solo, César se enfrentó a una confrontación interna. Caminando por los corredores solitarios de La Gruta, reflexionó sobre el hombre que había llegado a ser. ¿Era este juego de sombras realmente lo que quería para su vida? La duda comenzó a infiltrarse, recordándole que, en algún momento, había admirado a Thiago por su valentía y principios. Esta reflexión nocturna marcó el comienzo de un cambio sutil en César, una grieta en su armadura de cinismo. Escena: La Duda de Florinda Florinda, por su parte, también luchaba con sus propios dilemas. Mientras preparaba el té en la quietud de su cocina, las palabras de la reunión resonaban en su mente. Observando el amanecer desde su ventana, se preguntó si realmente quería ser parte de una trama que buscaba derribar a alguien que, a todas luces, había demostrado ser un líder justo y compasivo. En ese momento de introspección, decidió que no sería un peón en este juego de poder. Florinda comenzó a contemplar cómo podría, discretamente, ofrecer su apoyo a Thiago, una decisión que pronto cambiaría el curso de los eventos. Escena: La Resolución de Thiago Thiago, ajeno a las conspiraciones que se tejían en las sombras, se enfrentaba a su propia batalla. La acusación falsa había sido un golpe duro, pero en lugar de amargarse, eligió enfocarse en fortalecer los lazos dentro de la comunidad. Una tarde, mientras organizaba un taller sobre resolución de conflictos, Thiago compartió sus pensamientos: "Nuestra comunidad es fuerte no cuando estamos divididos, sino cuando enfrentamos juntos nuestras diferencias". Su mensaje resonó, sembrando semillas de unidad y comprensión entre los vecinos. Escena: El Cambio en La Gruta La influencia tóxica de la conspiración comenzó a disiparse a medida que más residentes se inspiraban en el liderazgo de Thiago. Eventos comunitarios, desde cenas hasta proyectos de renovación, se convirtieron en espacios para el diálogo y la colaboración. Incluso aquellos que habían dudado de Thiago comenzaron a verlo bajo una nueva luz. La transformación de La Gruta no pasó desapercibida para Policarpio, Remigia, y Charlotte, quienes se encontraron cada vez más aislados en su resentimiento. La evidencia de una comunidad que sanaba y crecía juntos era ineludible. En un giro inesperado, fue Florinda quien, en un acto de valentía, confrontó al grupo: "¿No veis? Lo que hemos intentado destruir ha crecido más fuerte. ¿No es hora de que reconsideremos nuestro camino? La Gruta amaneció un día, no solo como un lugar de residencia, sino como un testimonio del poder del perdón y la reconciliación. La conspiración se disolvió, no con un estallido, sino con el susurro silencioso de individuos que elegían unirse en la búsqueda de un bien mayor. Thiago, parado en el centro de la plaza de La Gruta, miró a su alrededor y vio no solo vecinos, sino una comunidad unida, diversa pero cohesiva. Y en este nuevo amanecer, Thiago supo que, a pesar de las sombras del pasado, La Gruta había emergido no solo intacta, sino fortalecida, un faro de esperanza y unidad en

74

tiempos inciertos. Thiago había pasado meses recopilando indicios y evidencias, sus estudios en derecho y criminología proporcionándole las herramientas necesarias para desentrañar la maraña de engaños y manipulaciones que se tejían en las sombras de la comunidad. Había una figura que emergía constantemente, un hilo conductor en todas las tramas contra él: César, el gerente aeronáutico, cuya fachada respetable escondía motivaciones mucho más oscuras. Una tarde, cuando el cielo teñía de rojo el horizonte, Thiago se dirigió a la casa de César, armado con una carpeta repleta de documentos y una determinación férrea. La confrontación que se avecinaba había sido cuidadosamente planeada; cada paso que daba Thiago resonaba con el peso de la verdad que estaba a punto de revelar. Al llegar, fue recibido con una cortesía forzada. César lo condujo a su estudio, un espacio impregnado de un aire de autoimportancia, con diplomas y reconocimientos adornando las paredes. Sin embargo, Thiago no se dejó intimidar por el decorado. Su mirada estaba fija en César, quien, a pesar de su aparente confianza, no podía ocultar un atisbo de inquietud. Thiago: (con voz firme) César, durante meses he sido el blanco de ataques y conspiraciones. Y en cada rincón al que miraba, encontraba tu sombra. César: (con una sonrisa condescendiente) Thiago, creo que estás equivocado. ¿Por qué iba yo a invertir mi tiempo en hacerte daño? Eres insignificante en comparación con mis preocupaciones diarias. Thiago: (desplegando los documentos sobre la mesa) No cuando descubrí la verdadera razón detrás de tu maldad. No es personal, nunca lo fue. Es todo acerca de la avaricia, ¿no es así, César? Los documentos que Thiago esparció ante César contenían una serie de transacciones financieras, contratos bajo la mesa y comunicaciones que vinculaban a César con un plan para apoderarse de terrenos en la comunidad, incluyendo la propiedad de Thiago. Era un esquema complejo que implicaba no solo a César, sino también a varios miembros destacados de la comunidad, todos atraídos por la promesa de ganancias sustanciales. César: (mirando los documentos, su voz perdió su tono confiado) Esto... esto no es lo que parece. Puedo explicarlo. Thiago: (interrumpiéndolo) Lo que parece es que estabas dispuesto a destruir vidas, a dividir una comunidad, solo para llenar tus bolsillos. Usaste a personas como peones en tu juego, incluyendo a aquellos que pensaban que eran tus aliados. La discusión se intensificó, las palabras cargadas de acusaciones y defensas volaban por el aire. Thiago, con cada argumento presentado, desmantelaba las excusas de César, exponiendo no solo la codicia sino también la traición inherente en sus acciones. La confrontación, aunque acalorada, permanecía fría en su núcleo, una batalla de voluntades y moralidades. César: (finalmente, con la mirada baja) ¿Qué quieres de mí, Thiago? Thiago: Justicia. No solo para mí, sino para todos aquellos que has perjudicado con tus acciones. Esto termina hoy, César. Voy a hacer todo lo que esté en mi poder para asegurarme de que respondas por tus actos. Thiago se retiró del estudio de César, dejando tras de sí un silencio denso. La confrontación había terminado, pero la verdadera batalla apenas comenzaba. Con las pruebas en su poder, Thiago estaba decidido a llevar su lucha a la luz, a exponer las verdaderas intenciones detrás de la fachada respetable de César y a restaurar la justicia en su comunidad. La revelación de Thiago y su confrontación con César desencadenaron una serie de eventos que sacudieron los cimientos de la comunidad de La Gruta. La noche siguiente a su disputa, César se encontraba en su hogar, enfrentándose no solo a las acusaciones de Thiago sino también a las preguntas inquietantes de su esposa, Florinda. Florinda: (con una mezcla de incredulidad y desilusión) ¿Cómo pudiste? ¿Todo esto era solo por dinero? ¿Por poder? César: (con frustración) No lo entenderías. Es todo por nosotros, por nuestro futuro. Florinda: (con voz temblorosa) Un futuro construido sobre mentiras y traición... ¿Eso es lo que quieres? La discusión entre César y Florinda era un reflejo de la tormenta que se avecinaba en La Gruta. La comunidad, ya al borde del colapso bajo el peso de secretos y mentiras, se encontró dividida aún más por las recientes revelaciones. En una reunión comunitaria convocada para abordar la creciente crisis, las emociones estaban a flor de piel. Los habitantes de La Gruta, enfrentados por años de rencillas y ahora por la traición de uno de los suyos, estaban al borde del conflicto abierto. La tensión alcanzó su punto álgido cuando Brutus, un hombre de temperamento fiero y poco amigo de César, confrontó a este último. Brutus: (con voz atronadora) ¡Tú has envenenado nuestra comunidad! César: (defensivo) ¡No tengo por qué escuchar esto de ti! Los dos hombres estuvieron a punto de llegar a los golpes, evitados solo por la intervención rápida de otros miembros de la comunidad. Pero el daño estaba hecho. La reunión terminó en caos, con la comunidad más fracturada que nunca. En medio de esta tormenta de emociones y conflictos, llegó la noticia que golpearía el corazón de todos: el fallecimiento de Samuel, el habitante más pacífico de La Gruta. A Samuel rara vez se le oía en las discusiones comunitarias, una presencia casi etérea que prefería mantenerse al margen del drama que consumía a sus vecinos. Su muerte, resultado de una larga lucha contra una enfermedad grave, cayó sobre la comunidad como un manto de tristeza y reflexión. Samuel, en su silencio, había sido un espejo de la conciencia de la comunidad, un recordatorio tácito de lo que se perdía en medio de tanta discordia. Su esposa, devastada, se dirigió a los habitantes de La Gruta durante el funeral. Esposa de Samuel: (con voz quebrada) Samuel vivía para la paz, para el amor... ¿Es tan difícil ver lo que hemos estado haciendo? ¿Lo que hemos permitido que nos suceda? La pregunta resonó en cada corazón, una llamada a la introspección. En el silencio que siguió, muchos bajaron la mirada, avergonzados y conmovidos. El fallecimiento de

Samuel sirvió como un punto de inflexión para La Gruta. Su partida, en medio de tanta turbulencia, recordó a todos la fragilidad de la vida y la importancia de la comunidad, del perdón y de la unidad. En las semanas y meses que siguieron, la comunidad comenzó lentamente a sanar. Las discusiones se volvieron diálogos, y las acusaciones, oportunidades para entenderse. César, enfrentado a sus propias sombras y a la pérdida de Samuel, comenzó un camino de redención, buscando reparar el daño hecho, no solo a Thiago sino a toda La Gruta. La comunidad aprendió que, incluso en los momentos más oscuros, hay una oportunidad para la luz, para el cambio y para el crecimiento conjunto. En los días que siguieron, la comunidad de La Gruta quedó envuelta en un manto de especulación y murmullos. La visita rechazada de César a la casa de Thiago, y más aún, su estado de embriaguez posterior, se convirtieron en el tema de conversación predilecto. Las publicaciones vagas y crípticas de César en las redes sociales solo añadieron leña al fuego de la intriga, dejando a todos preguntándose sobre su verdadero significado y a quién podrían estar dirigidas. Oceanía, la hija de Thiago, no pudo evitar sentir una mezcla de curiosidad y preocupación por las acciones de César. Su inteligencia y perspicacia la llevaron a monitorear las redes sociales de César, buscando patrones o indicios que pudieran revelar la intención detrás de sus palabras encriptadas. Su preocupación creció cuando notó una serie de respuestas y comentarios en las publicaciones de César, algunos expresando confusión, otros ofreciendo apoyo, pero todos sin entender completamente a qué se refería. Mientras tanto, Thiago, informado por Oceanía de las acciones de César, comenzó a sentir una inquietud que no podía ignorar. A pesar de su rechazo inicial a hablar con César, la insistencia de este y su estado visible de desesperación le hicieron reconsiderar. Thiago sabía que cualquier interacción con César podría ser potencialmente peligrosa, dada su historia, pero la parte de él que había sido educada en la justicia y la comprensión le instaba a buscar respuestas. Una mañana, con las aguas de La Gruta reflejando el tenue sol del amanecer, Thiago tomó una decisión. Iba a confrontar a César, no en un gesto de hostilidad, sino en busca de comprensión. Antes de partir, Oceanía le entregó una compilación de las publicaciones de César, un gesto de apoyo a su padre en su búsqueda de la verdad. Thiago encontró a César en un estado de abatimiento, la imagen del hombre confiado y calculador que una vez fue, ahora reemplazada por la de alguien claramente atormentado por sus propios demonios. La conversación que siguió fue una de las más difíciles de la vida de Thiago. Thiago: César, ¿qué está pasando contigo? Tus acciones, tus palabras... nada tiene sentido. César: (con voz quebrada) Thiago, he cometido muchos errores. He lastimado a muchas personas... y ahora, todo se está desmoronando. Las vagas publicaciones de César, como reveló, eran un reflejo de su propia lucha interna. Hablaba en códigos y enigmas, no por el deseo de confundir, sino porque se encontraba perdido en un laberinto de culpa y remordimiento. Los comentarios sobre la luz, los gastos, y el administrador eran metáforas de su vida descontrolada, de decisiones tomadas en la oscuridad, de las deudas morales acumuladas, y de su incapacidad para gestionar su propio caos. La revelación de César dejó a Thiago en un estado de shock y empatía. La figura ante él ya no era un enemigo, sino un hombre quebrado buscando redención. Thiago, movido por un sentido de humanidad compartida, se ofreció a ayudar a César a encontrar un camino hacia la reparación, no solo con la comunidad de La Gruta, sino también consigo mismo. La noticia de su reconciliación se extendió rápidamente, sirviendo como un recordatorio poderoso de que incluso las divisiones más profundas pueden ser superadas con comprensión y compasión. La comunidad, inspirada por el cambio en César y la magnanimidad de Thiago, comenzó a sanar, reforzando los lazos rotos y mirando hacia el futuro con una nueva esperanza. La intriga de las acciones de César se transformó en una historia de redención, demostrando que detrás de cada acto de desesperación, hay un llamado a la conexión y al perdón, un mensaje que resonó profundamente dentro de cada habitante de La Gruta. La fase de investigación judicial de la querella interpuesta por Thiago contra César se convirtió en un periodo de incertidumbre y tensiones renovadas dentro de la comunidad de La Gruta. Aunque los lazos comenzaban a sanar, la sombra de la acción legal pendiente recordaba a todos que el camino hacia la reconciliación completa aún contenía obstáculos significativos. César, ahora en un proceso de introspección y cambio, se encontraba en una encrucijada moral. Por un lado, deseaba enmendar los daños causados; por otro, enfrentaba el temor a las consecuencias legales de sus acciones pasadas. La posibilidad de que "se saliera con las suyas" una vez más generaba un murmullo constante entre los habitantes, algunos esperanzados en la justicia, otros escépticos de su alcance. Thiago, firme en su resolución de llevar el caso hasta el final, se encontraba dividido entre su deseo de justicia y el entendimiento emergente de que la comunidad necesitaba cerrar este capítulo para avanzar. Sin embargo, estaba decidido a demostrar ante la justicia la verdad de los hechos, convencido de que era el único camino para que todos pudieran mirar hacia adelante sin el peso de la impunidad. El punto picante en este proceso llegó de una fuente inesperada: una catedrática de la universidad local, conocida tanto por su brillantez académica como por su peculiar interés en Thiago. La catedrática había seguido el caso con una mezcla de interés profesional y personal, y no había ocultado su admiración por la integridad y la resiliencia de Thiago. Sus "tejos" lanzados a Thiago no eran un secreto, añadiendo una capa de complicación social al ya tenso ambiente. La situación en La Gruta, lejos de haber encontrado una resolución pacífica, se ha complicado aún más con el paso de los años. La salida del anterior administrador de la comunidad de propietarios, que Thiago había acertadamente "calado" como partícipe en las irregularidades, solo sirvió para abrir la caja de Pandora sobre la gestión de las finanzas comunitarias. Conflictos Financieros Con la entrada del nuevo administrador, las cuentas de la comunidad revelaron serias deficiencias: cuotas cobradas de manera doble, facturas sin el correspondiente IVA, y otros desajustes que apuntaban a una gestión, cuando menos, negligente. Thiago, fiel a su compromiso con la justicia y la transparencia, inició una reclamación contra el nuevo administrador, exigiendo responsabilidades no solo a él sino también a los cargos anteriores que habían aprobado las cuentas año tras año. La Trama se Profundiza La dimensión del problema se agravaba al considerar que el administrador saliente no solo tenía lazos de amistad, sino también conexiones sociales y políticas con varios vecinos de La Gruta, específicamente los residentes de las viviendas 103, 104, 107 y 108. Estos, que habían tramado contra Thiago en el pasado, parecían estar implicados en una red de complicidades que iba más allá de los desacuerdos personales o comunitarios, adentrándose en el terreno de lo éticamente reprochable y, posiblemente, lo ilegal. Thiago contra la Corriente Thiago se encuentra, una vez más, nadando contra la corriente, enfrentando no solo a sus adversarios de siempre sino también a un sistema que parece estar en su contra. Sus esfuerzos por sacar a la luz la verdad son vistos con recelo por aquellos que temen ser expuestos, pero Thiago no está solo en esta lucha. Una pequeña pero resuelta facción de la comunidad lo apoya, reconociendo en él a un defensor incansable de los valores que creen deberían regir en La Gruta. Un Camino Lleno de Obstáculos La batalla de Thiago es ardua y está llena de obstáculos legales y sociales. La complejidad de las finanzas comunitarias, entrelazadas con lealtades personales y políticas, hace que cada paso adelante sea una lucha. Sin embargo, su determinación es inquebrantable. Armado con documentos, facturas y una voluntad de hierro, Thiago está dispuesto a llevar su caso ante las autoridades competentes, exigiendo una auditoría completa y la rendición de cuentas por parte de todos los implicados. Epílogo: Una Esperanza Persistente En medio de esta tormenta, La Gruta se encuentra en una encrucijada. El conflicto entre Thiago y sus adversarios ha dejado al descubierto las fisuras dentro de la comunidad, pero también ha servido como un llamado a la acción para aquellos que desean ver restablecida la integridad y la justicia en su entorno. Thiago, a pesar de los desafíos, continúa adelante, impulsado por la convicción de que la verdad prevalecerá. Su lucha es un recordatorio de que, incluso frente a la adversidad, la esperanza y el compromiso con lo correcto pueden marcar la diferencia. La Gruta está en un momento definitorio, y el resultado de esta batalla

podría determinar su futuro como comunidad. A
medida que el juicio se acercaba, los encuentros
entre Thiago y la catedrática se hicieron más
frecuentes, sus discusiones sobre el caso se
entremezclaban con conversaciones sobre filosofía,
justicia y, ocasionalmente, la vida más allá de La
Gruta. La química intelectual entre ellos era
innegable, y aunque Thiago mantenía su enfoque
en el caso, no podía ignorar la creciente conexión
entre ambos. El día del juicio llegó, y la comunidad
de La Gruta se encontró dividida entre el tribunal y
el espacio virtual, pendientes de cada
actualización. La presentación del caso por parte
de Thiago fue meticulosa y apasionada, respaldada
por la experticia de la catedrática, cuyo testimonio
no solo iluminó los aspectos técnicos del caso, sino
que también humanizó a Thiago ante los ojos del
tribunal. Mientras el juicio avanzaba, era evidente
que la verdad de los hechos comenzaba a brillar,
colocando a César en una posición cada vez más
indefendible. A pesar de su proceso de cambio, las
acciones pasadas de César pendían sobre él como
una espada de Damocles, amenazando con cortar
el frágil hilo de su redención. En un giro
inesperado, César tomó la palabra, su testimonio
final fue no solo una admisión de culpabilidad, sino
también un reconocimiento del dolor causado a
Thiago y a la comunidad. Su voz, cargada de
remordimiento, buscaba no la absolución judicial
sino la moral, una súplica por el perdón y la
oportunidad de contribuir a la sanación de La
Gruta. La decisión del tribunal resonaría más allá

de las paredes de la sala de justicia, determinando
no solo el destino de César sino también el futuro
de la comunidad. Independientemente del
veredicto, La Gruta ya había comenzado a trazar
un nuevo camino, uno marcado por la complejidad
de las relaciones humanas, el poder de la redención
y la inquebrantable búsqueda de la justicia.
Después de años sin visitar, Íñigo Goicoechea y
Floripondia regresaron a la gruta, esa segunda
residencia que había albergado tantos recuerdos.
Su llegada no fue anunciada, prefiriendo
sorprender a los antiguos amigos y familiares que
aún residían allí. La comunidad había cambiado,
pero la esencia de unidad y misterio permanecía
intacta. Al principio, su presencia trajo alegría y
reminiscencias de tiempos pasados. Las cenas se
llenaron de risas y las historias de "aquellos días"
fluyeron como vino. Pero Iñigo y Floripondia no
habían vuelto solo por nostalgia. Traían consigo
una propuesta que podría alterar la tranquilidad de
la gruta. Una noche, después de una cena
particularmente animada, Iñigo pidió la palabra.
Con una seriedad que rara vez se le había visto,
comenzó a hablar sobre los cambios en el mundo
exterior, sobre cómo la tecnología y las nuevas
formas de comunidad estaban transformando la
sociedad. Habló de un proyecto, uno que había
comenzado como un sueño y ahora estaba a punto
de convertirse en realidad: la expansión de la gruta
para convertirla en un santuario para aquellos que
buscaban escapar de la opresión tecnológica y vivir
de manera más auténtica. La propuesta de Íñigo

planteó un dilema. Por un lado, ofrecía la oportunidad de crecer y dar refugio a más almas en busca de paz. Por otro, implicaba un cambio que podría perturbar la calma tensa que había definido la vida en la gruta hasta ahora. La reacción a la propuesta fue inmediata y variada. Algunos, como Thiago, vieron en ella una oportunidad para revitalizar y dar nuevo propósito a la comunidad, abriendo sus puertas a aquellos que, agobiados por el ritmo frenético y la desconexión del mundo moderno, buscaban refugio y sentido de pertenencia. Otros, sin embargo, expresaron sus reservas. Nicolás, siempre cauteloso, planteó preguntas sobre la sostenibilidad de tal expansión: "¿Cómo garantizamos que este santuario no se convierta en otro enclave aislado, perdido en su propia utopía, desconectado de la realidad que nos rodea?" Floripondia, anticipando tales preocupaciones, respondió con calma: "No se trata de aislarnos, sino de crear un espacio donde la tecnología sirva para unirnos, no para dividirnos. Donde podamos redescubrir la comunicación cara a cara, el arte de vivir en comunidad.

Capítulo 11: La Sombra Persistente

El amanecer de una nueva etapa para La Gruta no logró disipar por completo las sombras del pasado. Aunque la comunidad parecía haberse reconciliado, un vestigio de maldad y resentimiento continuaba acechando desde las sombras. Las amenazas anónimas, que llegaban a través de mensajes en redes sociales y notas dejadas en buzones, reavivaron el temor entre los vecinos. Thiago, sin embargo, no se dejó amedrentar.

El Eco de Viejas Heridas

A pesar de los progresos visibles en la comunidad, Thiago no podía ignorar las señales de que algunos adversarios aún buscaban venganza. Las redes sociales, convertidas en un campo de batalla moderno, eran el principal escenario de estas nuevas hostilidades. Perfiles falsos publicaban acusaciones contra él, tergiversando su liderazgo y sembrando dudas entre los vecinos más vulnerables.

Oceanía, su hija, fue la primera en notar los patrones detrás de estas campañas de difamación.

Oceanía:
—Papá, esto no son simples críticas. Hay un esfuerzo coordinado detrás. Mira los horarios de las publicaciones y las cuentas que las comparten... no es casualidad.

Thiago sabía que la batalla no sería fácil. Había enfrentado tribunales y confrontaciones públicas, pero esta nueva forma de hostilidad, escondida tras el anonimato, requería una estrategia diferente.

La Red de Sabotaje

Con el apoyo de Oceanía y algunos vecinos leales, Thiago comenzó a recopilar pruebas. Cada mensaje, cada publicación malintencionada, se convirtió en una pieza del rompecabezas que poco a poco revelaba la identidad de los responsables. La investigación los llevó a descubrir que un grupo reducido pero ruidoso de vecinos aún mantenía rencores hacia Thiago y estaba detrás de la mayoría de las acciones de sabotaje.

Entre los implicados se encontraba un antiguo aliado de César, quien, al sentirse marginado tras los eventos recientes, decidió actuar por su cuenta. Este individuo, utilizando su acceso a información comunitaria, había manipulado hechos y creado historias falsas para debilitar la posición de Thiago.

El Juicio Social

A medida que las pruebas se acumulaban, Thiago enfrentó un dilema moral. Sabía que exponer públicamente a los responsables podría tener consecuencias impredecibles para la comunidad, pero también era consciente de que la verdad debía prevalecer para restaurar la confianza en La Gruta.

En una reunión comunitaria, Thiago presentó su caso de manera meticulosa, mostrando las pruebas, pero evitando señalar directamente a los culpables.

Thiago:
—No estoy aquí para acusar, sino para mostrar cómo estas acciones nos lastiman a todos. La verdad siempre encuentra su camino, pero nosotros debemos decidir cómo queremos manejarla. ¿Con

más división o con un compromiso renovado de unidad?

Su discurso resonó profundamente. Los vecinos, conscientes de las tensiones que aún persistían, optaron por crear un comité de mediación para abordar estos conflictos de manera constructiva. Este gesto de madurez marcó un cambio significativo en la dinámica de La Gruta.

La Redención de los Saboteadores

Entre los saboteadores, algunos comenzaron a mostrar señales de arrepentimiento. Influenciados por el liderazgo moral de Thiago y la presión de la comunidad, admitieron sus acciones y ofrecieron disculpas públicas. Aunque el camino hacia la reconciliación fue largo, este acto de humildad marcó un avance importante para La Gruta.

Vecino Arrepentido:
—Thiago, no hay excusas para lo que hice. Me dejé llevar por el miedo y la envidia. Espero que puedas perdonarme.

Thiago: (con voz serena)
—No se trata solo de mí. Debemos trabajar juntos para sanar lo que hemos dañado. Esto es más grande que cualquiera de nosotros.

Lecciones Aprendidas

El capítulo de sabotajes dejó cicatrices, pero también lecciones valiosas. La comunidad aprendió la importancia de enfrentar los conflictos de manera directa y transparente, evitando que el resentimiento se convirtiera en un veneno que los debilitara desde dentro.

Thiago, fortalecido por el apoyo de Oceanía y de los vecinos leales, emergió como un líder indiscutible, no por su autoridad, sino por su capacidad de guiar con empatía y firmeza. La experiencia consolidó su creencia en el poder de la verdad y la justicia, incluso en las circunstancias más oscuras.

En las semanas siguientes, las reuniones comunitarias se centraron en fortalecer los lazos y establecer protocolos para evitar futuros conflictos. La creación de un consejo vecinal independiente y la implementación de talleres sobre resolución de conflictos marcaron un nuevo comienzo para La Gruta.

Un Horizonte Claro

Aunque la sombra persistente nunca desapareció por completo, la comunidad de La Gruta aprendió a convivir con ella como un recordatorio de sus desafíos pasados. Thiago, junto con Oceanía y los vecinos que habían apoyado la verdad, lideró un proceso de renovación que sentó las bases para un futuro más sólido.

En un atardecer brillante, mientras la comunidad se reunía en la plaza central para una celebración de unidad, Thiago miró a su alrededor y vio algo que no había visto en años: una comunidad no perfecta, pero comprometida con ser mejor.

Thiago: (murmurando para sí mismo)
—La sombra puede persistir, pero la luz siempre encuentra la manera de prevalecer.

Capítulo 12: Un Nuevo Comienzo

La historia de La Gruta culminó en un amanecer distinto, con la promesa de un futuro definido no por las sombras del pasado, sino por la luz del esfuerzo colectivo. La lucha había sido ardua, marcada por conflictos, traiciones y reconciliaciones. Pero, en última instancia, prevaleció el compromiso de una comunidad por superar sus diferencias y construir algo mejor.

El Veredicto Transformador

El juicio contra César, que había sido el clímax de años de disputas, resultó ser el punto de inflexión definitivo. Su confesión pública, aunque tardía, marcó un giro inesperado. César asumió la responsabilidad de sus errores, rompiendo con el patrón de negación que había caracterizado su vida. La decisión del tribunal reflejó la complejidad de la situación: un veredicto basado en la justicia restaurativa, donde César debía liderar proyectos comunitarios y promover la cohesión social en La Gruta.

El juez, en su declaración final, dejó una enseñanza que resonaría en los años venideros:

Juez:
—La verdadera justicia no solo castiga; transforma. La redención es posible si se enfrenta con valentía y sinceridad.

Reconciliación y Redención

César inició su labor con escepticismo por parte de algunos vecinos, pero poco a poco su dedicación comenzó a cambiar las percepciones. Organizó talleres, lideró la construcción de un centro comunitario y trabajó junto a quienes una vez lo consideraron enemigo. Sus esfuerzos no solo reconstruyeron físicamente La Gruta, sino que también contribuyeron a sanar las relaciones rotas.

Mientras tanto, Thiago, con su capacidad de liderazgo intacta, se convirtió en el puente que unió las distintas facciones de la comunidad. Su enfoque era claro: promover el diálogo, fomentar la empatía y demostrar que la cooperación era más poderosa que la confrontación.

El Legado de Unidad

El proyecto más ambicioso fue la creación del "Jardín Samuel de la Convivencia," un espacio verde en honor al vecino que, con su ejemplo de paz y humildad, inspiró a todos. Este jardín no era solo un lugar físico, sino un símbolo del renacimiento de La Gruta. Cada árbol plantado, cada flor cultivada representaba un acto de reconciliación.

En la inauguración del jardín, Thiago dirigió unas palabras a la comunidad:

Thiago:
—Hoy celebramos no solo un lugar, sino un espíritu. Este jardín es un testimonio de que, aunque enfrentemos diferencias, siempre podemos encontrar un terreno común. Aquí dejamos atrás las heridas y plantamos las semillas de un futuro más justo y unido.

Nuevos Horizontes

La transformación de La Gruta no pasó desapercibida. Otros barrios comenzaron a visitar el lugar para aprender de su proceso de sanación. Conferencias, talleres y foros destacaron el modelo de justicia restaurativa implementado en la comunidad, convirtiéndola en un ejemplo de resiliencia.

Oceanía, hija de Thiago, se inspiró en lo vivido para escribir un libro titulado *"La Gruta: Historias de Resiliencia y Esperanza,"* donde relataba los momentos más duros y los triunfos que definieron a la comunidad. Su obra se convirtió en un éxito, llevando el mensaje de unidad más allá de los límites del barrio.

E supuesto final, un nuevo comienzo

En una tarde de primavera, Thiago, Oceanía y César se encontraron en el Jardín Samuel, observando cómo los niños jugaban y los vecinos compartían historias. El sonido de risas llenaba el aire, un recordatorio de lo que habían logrado juntos.

Oceanía:
—Papá, ¿crees que realmente hemos dejado atrás todo lo malo?

Thiago:
—No se trata de olvidar, hija. Se trata de aprender, de crecer y de seguir adelante. La Gruta ya no es el lugar donde vivimos, es el hogar que hemos construido juntos.

La Gruta, que alguna vez estuvo envuelta en conflictos, había renacido como un faro de esperanza. Su historia no terminó con el juicio ni con la construcción del jardín; continuó en las vidas de quienes aprendieron que la unidad, la justicia y la compasión podían superar cualquier adversidad.

Este era el verdadero final de *El Enigma de la Gruta,* no un cierre, sino un nuevo comienzo.

95

Capítulo 13: El juicio decisivo.

La tensión acumulada durante años llegó a su clímax en el tribunal, donde la comunidad de La Gruta se reunió para presenciar el desenlace de los conflictos que habían marcado su historia reciente. El juicio no era solo contra César, sino contra el peso de un pasado plagado de rencores, conspiraciones y divisiones.

El Juicio Decisivo

En la sala, el ambiente era solemne. Thiago, firme y sereno, representaba no solo su causa, sino la voz de una comunidad que había luchado por superar las adversidades. César, por su parte, parecía transformado. Su figura, antes arrogante y calculadora, mostraba signos de humildad y arrepentimiento.

César:
—Reconozco mis errores, señoría. Mis acciones no solo dañaron a Thiago, sino también a toda la comunidad. Estoy aquí dispuesto a reparar el daño en la medida de mis posibilidades.

El tribunal escuchó con atención las pruebas presentadas por Thiago y los testimonios de los vecinos, algunos de los cuales reconocieron cómo habían sido manipulados por César en el pasado. Sin embargo, el momento más impactante llegó cuando Thiago tomó la palabra.

Thiago:

—No busco venganza, señoría. Solo deseo que nuestra comunidad pueda avanzar, libre de resentimientos. Creo que incluso César, a pesar de sus errores, merece una oportunidad de redimirse y contribuir al bienestar de La Gruta.

El Veredicto

El juez, conmovido por las palabras de Thiago y la confesión de César, dictó un veredicto que sorprendió a todos. En lugar de imponer una pena estrictamente punitiva, optó por un enfoque de justicia restaurativa. César sería responsable de coordinar proyectos comunitarios, supervisado por un consejo vecinal, y de realizar trabajos que beneficiaran directamente a la comunidad. Además, se estableció un programa de mediación y reconciliación para sanar las heridas del pasado.

Juez:

—La justicia no siempre se encuentra en los castigos más duros, sino en las acciones que sanan y fortalecen a una comunidad. Este tribunal confía en que tanto César como la comunidad sabrán aprovechar esta oportunidad para construir algo mejor.

Reparación y Reconstrucción

La decisión marcó el inicio de una nueva etapa en La Gruta. César, comprometido con su redención, asumió su responsabilidad con determinación. Bajo su dirección, se iniciaron proyectos para mejorar las infraestructuras del complejo residencial, desde la restauración de áreas comunes hasta la creación de espacios verdes que fomentaran la convivencia.

Los talleres de mediación, liderados por especialistas en resolución de conflictos, se convirtieron en un espacio vital para que los vecinos expresaran sus emociones y aprendieran a gestionar sus diferencias. Thiago, con su experiencia en criminología y derecho, participó activamente como mediador, consolidando su papel como un líder que buscaba unir a la comunidad.

Un Modelo Para Seguir

El proceso de justicia restaurativa en La Gruta atrajo la atención de otras comunidades. Medios locales y organizaciones sociales destacaron cómo una comunidad fracturada había encontrado el camino hacia la reconciliación. Thiago, aunque renuente a recibir elogios, fue invitado a compartir su experiencia en conferencias y foros, inspirando a otros a buscar soluciones pacíficas a sus conflictos.

Thiago:
—Lo que logramos en La Gruta no fue solo gracias a mí. Fue el esfuerzo colectivo de personas que decidieron que la unidad era más valiosa que las diferencias. Ese es el verdadero éxito.

El Legado de Samuel

En una ceremonia especial, la comunidad inauguró
un espacio comunitario en honor a Samuel, el
vecino cuya vida tranquila y espíritu pacificador
habían inspirado a muchos. El "Centro Samuel de
Reconciliación y Convivencia" se convirtió en un
símbolo del renacimiento de La Gruta, un lugar
donde los vecinos podían reunirse, dialogar y
construir un futuro compartido.

Un Futuro Prometedor

En el atardecer de un día de primavera, Thiago se
sentó en la plaza central, observando a los niños
jugar, a los vecinos conversar y a César supervisar
las mejoras en los jardines. La Gruta, que una vez
estuvo al borde del colapso, ahora era un modelo
de comunidad resiliente y unida.

Oceanía, sentándose a su lado, sonrió al ver la paz
que finalmente reinaba en su hogar.

Oceanía:
—Lo logramos, papá. La Gruta es un lugar mejor
gracias a ti.

Thiago:
—No gracias a mí, hija. Gracias a todos los que
eligieron creer en algo más grande que sus propias
diferencias.

En ese momento, Thiago supo que el ciclo había terminado. La sombra que una vez amenazó con consumirlos había desaparecido, dejando solo la luz de un nuevo comienzo. La Gruta, ahora más que nunca, era un lugar de esperanza, un testimonio de lo que una comunidad puede lograr cuando decide enfrentar sus desafíos con valentía, empatía y unidad.

El capítulo final no era solo el cierre de una historia, sino el inicio de muchas más, escritas por los corazones y las manos de aquellos que hicieron de La Gruta un verdadero hogar.

Capítulo 14. La ignominia de Cesar.

El nuevo comienzo en La Gruta, que muchos habían creído posible, se tornó en un espejismo. César, tras su confesión pública y el juicio que marcó su caída, no pudo aceptar su derrota. Herido en su orgullo y con una personalidad marcada por su narcisismo, no tardó en retomar sus oscuros hábitos, ahora desde un nuevo frente: el mundo digital.

Mensajes desde las sombras

César comenzó a lanzar mensajes en redes sociales que inicialmente parecían inocuos, pero que con el tiempo se tornaron cada vez más directos y personales. La plataforma de "La Asociación Zorra", que él mismo había creado como herramienta de manipulación, se convirtió en el epicentro de una campaña de desprestigio. Los mensajes eran ambiguos al principio, cargados de ironías y veladas referencias a Thiago.

César: (en X) —Algunos en esta comunidad se creen salvadores, pero solo son maestros de la manipulación. No confundamos liderazgo con oportunismo.

Pero pronto, lo que empezó como insinuaciones se transformó en insultos abiertos. Las publicaciones se hicieron más agresivas, acusando a Thiago de hechos que nunca sucedieron y lanzando ataques a su carácter y credibilidad.

César: (en X) —La verdad siempre prevalece. ¿Quiénes son los verdaderos desestabilizadores aquí? Los mismos que ocultan sus intereses detrás de discursos moralistas.

Las calumnias y el hartazgo de Thiago

Thiago, al principio, optó por ignorar las provocaciones, confiando en que la comunidad sabría distinguir entre la verdad y las mentiras. Pero los ataques comenzaron a escalar, afectando no solo a su imagen pública, sino también a su vida personal. César acusó a Thiago de manipular a la comunidad para su propio beneficio y de inventar historias sobre las irregularidades en la administración de La Gruta. Incluso llegó a insinuar que Thiago se oponía a la inclusión de

personas con discapacidad, cuando en realidad
había sido el principal defensor de la adaptación de
las zonas comunes conforme a la normativa
vigente.

César: (en X) —Viven tres personas con
discapacidad más, pero a algunos parece no
importarles. Derechos para todos, pero no para
ellos.

Las calumnias no se detuvieron allí. César
comenzó a inventar eventos que jamás ocurrieron,
desde supuestos conflictos vecinales hasta
acusaciones de violencia verbal por parte de
Thiago.

Thiago, ante esta escalada de ataques, tomó una
decisión firme: llevar a César ante la justicia
nuevamente. Esta vez, presentó una querella por
injurias y calumnias, respaldada por las capturas de
pantalla y otros documentos que probaban la
campaña de desprestigio.

Una querella con poca efectividad

A pesar de la contundencia de las pruebas, el
proceso judicial inicial no tuvo el impacto
esperado. La querella fue admitida, pero las
acciones de César no cesaron. Por el contrario, este
interpretó la denuncia como una declaración de
guerra y redobló sus esfuerzos, publicando
contenido aún más dañino y reuniendo a un grupo
de seguidores que amplificaban su discurso.

César: (en X) —Denunciar es el último recurso de quien no tiene argumentos. El tiempo pondrá a cada uno en su lugar.

El delito de odio

César cruzó la línea al emplear un lenguaje cada vez más violento y excluyente, generando un ambiente hostil hacia Thiago y otros miembros de la comunidad que apoyaban las reformas impulsadas por él. La situación se tornó insostenible cuando César publicó mensajes que incitaban al odio, utilizando las redes sociales para movilizar a otros vecinos en contra de las iniciativas de accesibilidad y transparencia promovidas por Thiago.

Thiago, decidido a no permitir que estas actitudes continuaran dividiendo a la comunidad, presentó una nueva denuncia ante el juzgado de guardia. Esta vez, los cargos incluían no solo calumnias e injurias, sino también delitos continuados de odio. Los mensajes de César, analizados en su totalidad, revelaban un patrón de hostigamiento basado en la desinformación y la exclusión.

La respuesta de la comunidad

Lejos de desmoronarse ante los ataques, la comunidad de La Gruta comenzó a unirse en apoyo a Thiago. Los vecinos que al principio habían mostrado indiferencia empezaron a alzar sus voces, condenando las acciones de César y exigiendo respeto por las normas de convivencia. Una asamblea extraordinaria fue convocada para discutir las medidas necesarias para prevenir futuros episodios de acoso y odio dentro de La Gruta.

En esa reunión, Thiago tomó la palabra: —No se trata de mí, ni de César. Se trata de todos nosotros. Debemos decidir si queremos ser una comunidad basada en el respeto y la colaboración, o una dividida por el rencor y la desinformación. No podemos permitir que el odio nos defina.

Sus palabras resonaron profundamente en los presentes. Muchos recordaron los días oscuros de las conspiraciones y el caos, y comprendieron que permitir que César continuara su cruzada de odio solo los arrastraría de nuevo a ese abismo.

Un nuevo proceso judicial

El caso contra César avanzó, y las evidencias presentadas por Thiago fueron suficientes para que el tribunal admitiera a trámite la denuncia por delitos de odio. Esta vez, César no tuvo margen de maniobra. Las redes sociales, que él había utilizado como su principal arma, se convirtieron en el registro que selló su destino.

El proceso judicial se convirtió en un ejemplo de cómo las acciones en el mundo digital tienen consecuencias reales. César, enfrentado a la posibilidad de una condena seria, comenzó a perder el apoyo de sus seguidores más cercanos. Incluso algunos de los que habían participado en sus campañas de desprestigio comenzaron a colaborar con las autoridades, proporcionando más pruebas de su conducta.

El fin de una era

El desenlace del caso marcó el final de la influencia de César en La Gruta. Aunque el tribunal no impuso una pena de prisión, César fue condenado a realizar trabajos comunitarios y a publicar una disculpa pública en las mismas redes donde había difundido sus mensajes de odio. Además, se le prohibió participar en reuniones comunitarias durante un año y mantener contacto con Thiago.

Para Thiago, la victoria no era motivo de celebración, sino un paso más hacia la construcción de una comunidad más justa y respetuosa. La experiencia, aunque dolorosa, fortaleció su compromiso con la verdad y la justicia.

La Gruta, finalmente libre de las sombras de César, comenzó a reconstruirse una vez más, demostrando que incluso en los momentos más oscuros, la unidad y el coraje pueden prevalecer.

Capítulo 15: La Estrategia de César

Tras los acontecimientos previos, César, lejos de aceptar su responsabilidad, optó por retomar una estrategia distinta para desestabilizar a Thiago. En un intento por tergiversar los hechos y desviar la atención de sus propias acciones, envió un correo electrónico a Thiago cargado de acusaciones y mentiras cuidadosamente elaboradas.

El Email de César

El mensaje de César, redactado con aparente formalidad, intentaba refutar las pruebas presentadas en su contra. En él, aseguraba que nunca había llamado a la policía belga para denunciar falsamente a Thiago por violencia de género. Más aún, acusaba a Thiago de haber llamado a las autoridades en una ocasión para informar que el hijo de César estaba en riesgo de suicidio, un acto que, según él, había causado un daño irreparable a su familia.

César: (en el correo) —Thiago, nunca realicé esas llamadas que me atribuyes, y creo que lo sabes. Pero tú sí llamaste a la policía alegando que mi hijo se encontraba en una situación límite. Eso, más que cualquier otra cosa, es una invasión a mi privacidad y un acto de mala fe. Espero que tengas la decencia de no continuar con estas acusaciones infundadas.

La Sorpresa de Thiago

Thiago, al leer el mensaje, quedó atónito. No solo por la gravedad de las acusaciones, sino por la audacia de César al intentar tergiversar los hechos de una manera tan descarada. Thiago sabía que César estaba intentando ganar tiempo y confundir a las autoridades, pero lo que César no sabía era que Thiago contaba con pruebas contundentes que desmentían por completo sus afirmaciones.

Entre los documentos en poder de Thiago, había un informe policial de la Comisaría de Policía de Bruselas Ixelles, donde se confirmaba que César había llamado en dos ocasiones a la policía belga para denunciar falsamente a Thiago por presunta violencia de género. El informe detallaba que las denuncias habían sido consideradas infundadas y realizadas de mala fe, lo que quedó registrado en el sistema policial belga.

La Respuesta de Thiago

Con la seguridad que le daban las pruebas, Thiago redactó una respuesta clara y contundente. En su email, desmontó cada una de las afirmaciones de César, aportando evidencias que probaban no solo su inocencia, sino también las falsedades del propio César.

Thiago: (en su respuesta) —César, tu mensaje no hace más que confirmar lo lejos que estás dispuesto a llegar para evadir tus responsabilidades. Adjunto a este correo un informe oficial de la Comisaría de Policía de Bruselas Ixelles, donde consta que realizaste dos llamadas denunciándome falsamente. Además, niego rotundamente haber contactado a la policía en relación con tu hijo, y te invito a que presentes pruebas si tienes alguna, porque sabes que no existen.

Thiago continuó dejando claro que le daba un plazo de 15 días para que rectificara públicamente sus afirmaciones falsas y detuviera cualquier intento de tergiversación. En caso contrario, advirtió que tomaría medidas legales más contundentes.

La Falta de Rectificación

César, fiel a su estilo desafiante, ignoró el ultimátum de Thiago. En lugar de rectificar, continuó publicando en redes sociales mensajes que alimentaban el conflicto, buscando desviar la atención y ganar aliados entre aquellos que no conocían la verdad completa.

Ante esta actitud, Thiago no tuvo más remedio que dar el siguiente paso. Presentó una querella formal ante la Audiencia Provincial de Bruselas, denunciando los hechos y aportando las pruebas que había recopilado, incluyendo el informe policial que confirmaba las llamadas malintencionadas de César y la ausencia de cualquier acción similar por parte de Thiago.

El Proceso Judicial en Bruselas

El caso, admitido a trámite, se encontraba ahora en manos de las autoridades belgas. La querella contra César no solo buscaba justicia por las calumnias e injurias, sino también por el daño emocional y social que sus acciones habían causado a Thiago y a su familia.

La querella detallaba:

1. Las llamadas malintencionadas de César a la policía belga, con pruebas documentales que respaldaban la acusación.

2. La falsedad de las acusaciones de César sobre supuestas acciones de Thiago contra su hijo, probada por la ausencia de registros en los sistemas policiales.

3. El continuo hostigamiento de César en redes sociales, evidenciado en capturas de pantalla y testimonios de terceros.

La Repercusión en La Gruta

Mientras el proceso judicial avanzaba, los habitantes de La Gruta observaban con atención. Para muchos, la actitud de César era una confirmación de su incapacidad para aceptar su derrota y su tendencia à recurrir a estrategias desesperadas. Otros, aunque aún dudosos, comenzaban a cuestionar sus propias percepciones sobre él.

Thiago, por su parte, mantenía su postura firme pero serena, confiando en que la justicia belga actuaría de manera imparcial y contundente.

El Futuro del Caso

Con la querella en marcha, César se enfrentaba a un nuevo desafío que, esta vez, parecía insalvable. Las autoridades belgas, conocidas por su rigurosidad, iniciaron las diligencias correspondientes, incluyendo la revisión de las llamadas realizadas por César y el análisis de su actividad en redes sociales.

El desenlace del caso sería crucial, no solo para Thiago y César, sino también para la comunidad de La Gruta, que veía en este conflicto una lección sobre la importancia de la verdad, la justicia y la responsabilidad individual. La batalla, ahora en un escenario internacional, prometía marcar un antes y un después en la vida de ambos hombres y en la historia de La Gruta.

Capítulo 16: Cesar en el Ojo del Huracán

La tensión en "El Enigma de la Gruta" alcanzó un nuevo clímax cuando Thiago, decidido a frenar las maniobras de César, optó por trasladar sus inquietudes a la gestora de la comunidad. A través de un correo formal, Thiago detalló los incidentes más recientes y aportó evidencia de cómo César había contribuido a desestabilizar la convivencia. Thiago, siempre firme en su convicción de no avivar innecesariamente las hostilidades, decidió no acudir a la reunión para evitar más roces. En su lugar, confió en que la gestora llevaría su mensaje a los asistentes.

La Reunión: Revelaciones y Tensión

En la reunión, los vecinos no tardaron en señalar a César como el origen de los problemas. Algunos mencionaron directamente las amenazas veladas que había lanzado en redes sociales, mientras otros sacaron a relucir comportamientos que habían pasado desapercibidos en el pasado. Se habló de cómo sus publicaciones y declaraciones públicas sembraban discordia y de su insistencia en tergiversar los hechos para confundir a los demás.

César, que asistió a la reunión visiblemente a la defensiva, no tardó en perder los estribos. A medida que los testimonios se acumulaban en su contra, su ira se desbordó. De un momento a otro, César abandonó la sala con pasos firmes, dejando a los presentes perplejos. No tardó en volcar su frustración en la red social X, publicando un hilo cargado de sarcasmo, indirectas y mensajes incendiarios dirigidos a Thiago y a los demás comuneros. Una de sus frases destacadas fue:

"Me fui echando leches de ese cónclave de personas de mala fe. Me enteré de cosas increíbles, y yo dando la cara durante años. Para que no parezca un posible acuerdo, cuando acabe lo próximo, hablaré con pruebas".

Las Maniobras de César

Intentando desviar la atención de las acusaciones en su contra, César recurrió a una mezcla de disculpas ambiguas y nuevas amenazas. Sus mensajes, cada vez más inconsistentes, oscilaban entre admitir errores y culpar a otros vecinos por sus propias fallas. Estas tácticas, lejos de generar simpatía, hicieron que la comunidad comenzara a cuestionar aún más su credibilidad.

Thiago, quien había esperado que César mostrara señales de arrepentimiento genuino, observó con decepción cómo su adversario optaba por intensificar el conflicto. Sin embargo, Thiago no se dejó amedrentar. Su enfoque se mantuvo claro y basado en hechos verificables. En su respuesta a la comunidad, Thiago expresó:

"Mi único interés es garantizar que nuestra comunidad opere con transparencia y respeto. Si esto significa exponer verdades incómodas, lo haré, pero siempre en el marco de la ley y la justicia".

El Correo Decisivo

En un acto de estrategia, Thiago envió un segundo correo a la gestora, solicitando que sus puntos de vista fueran presentados en una próxima reunión extraordinaria. Este correo incluía documentación adicional, entre ellas capturas de los mensajes públicos de César y un informe detallado sobre cómo sus acciones habían afectado la convivencia en La Gruta.

La gestora, consciente de la gravedad de la situación, decidió actuar con celeridad, convocando a una reunión extraordinaria en la que se discutiría formalmente la conducta de César y sus implicaciones legales. Mientras tanto, César continuaba publicando en redes sociales, intensificando su narrativa de víctima perseguida y aumentando el tono de sus ataques contra Thiago.

La Respuesta de la Comunidad

Los comuneros, hartos de las divisiones, comenzaron a unirse alrededor de la figura de Thiago. La claridad y la determinación de este último contrastaban con la agresividad y el caos proyectados por César. Incluso aquellos que inicialmente se habían mantenido neutrales comenzaron a tomar una postura, exigiendo acciones concretas contra César por sus actos disruptivos.

La próxima reunión prometía ser un punto de inflexión. Con la evidencia acumulada, el respaldo creciente de la comunidad y la gestora dispuesta a intervenir, Thiago veía cómo la balanza se inclinaba a favor de la justicia. Sin embargo, sabía que aún quedaban batallas por librar, pues César, a pesar de estar acorralado, seguía siendo impredecible y peligroso.

El capítulo concluye con una reflexión de Thiago, quien observa cómo las adversidades no solo revelan el carácter de las personas, sino también fortalecen los lazos entre aquellos que luchan por lo correcto. La Gruta, aunque todavía fracturada, comenzaba a vislumbrar un nuevo horizonte donde la verdad y la unidad prevalecerían sobre las sombras del pasado.

Capítulo 17: La Confesión de César

El Email de César

El conflicto por la pared exterior del edificio,
situada entre las propiedades de Thiago y César,
había llegado a un punto crítico. Aunque la pared
era comunitaria, el acceso necesario desde la
azotea de César, de uso privativo, pero propiedad
de la comunidad, generaba tensiones
insoportables. Thiago, quien estaba dispuesto a
realizar las reparaciones él mismo para evitar
costos innecesarios a la comunidad, se encontró
con un nuevo obstáculo: César se negó
rotundamente a permitirle el acceso.

En un intento por ganar tiempo y quizás recuperar
cierto control sobre la narrativa, César envió un
email inesperado a Thiago. Su contenido parecía
conciliador en la superficie, pero sus motivaciones
eran más complejas:

Email de César:
*"Vamos a acabar con esto, quedemos y charlemos.
Creo que podemos resolver nuestras diferencias si
hablamos cara a cara. Dejemos a un lado a los
abogados y las gestoras. Esto está afectando a
todos, y debemos encontrar una solución."*

César, conocido por su capacidad para manipular
situaciones, buscaba desviar la atención de los
verdaderos problemas legales y comunitarios.
Estaba desesperado por suavizar la percepción de
sus acciones, consciente de que el ambiente en *El
Enigma de la Gruta* estaba cada vez más en su
contra. Thiago, sin embargo, veía en esta
invitación una oportunidad para obtener respuestas
y desvelar las motivaciones de César. Consciente

114

de los riesgos, aceptó el encuentro, asegurándose de prepararse con todos los medios posibles.

La Reunión

Eligieron un café discreto fuera de la comunidad, un lugar neutral que permitiera una conversación sin interrupciones ni testigos indeseados. Thiago llegó con una mezcla de cautela y determinación, llevando consigo una grabadora oculta, sabiendo que cualquier confesión de César podría ser clave para esclarecer los problemas de los últimos años.

Cuando César llegó, parecía tenso, pero trataba de mantener una actitud relajada. Tras unos minutos de cortesía superficial, César rompió el silencio:

—Thiago, no podemos seguir así. Esto está destruyendo nuestra convivencia y la paz de la comunidad. Creo que es hora de hablar sinceramente.

Thiago, manteniendo la calma y adoptando un tono receptivo, respondió:

—Estoy de acuerdo, César. Pero para resolver esto, necesitamos poner todo sobre la mesa. No se puede avanzar si seguimos escondiendo cosas.

La Confesión

Lo que empezó como una conversación aparentemente cordial pronto se transformó en una catarata de revelaciones. Bajo la presión sutil de Thiago, César comenzó a desmoronarse. Sus intentos iniciales de justificar sus acciones se desvanecieron a medida que Thiago planteaba preguntas estratégicas y le recordaba los conflictos pasados.

Finalmente, César confesó:

—Vale, lo admito. He cometido errores... errores graves. ¿Qué quieres que te diga? Sí, fui yo quien llamó a la policía en dos ocasiones, pero no tenía otra opción. Pensé que era la única forma de frenar lo que estabas haciendo. No esperaba que las cosas fueran tan lejos.

Thiago, sin interrumpir, dejó que César continuara hablando, dándole la impresión de que tenía el control de la conversación.

—Y lo de las cuotas dobles... sí, es cierto. Fue una decisión para mantener ciertos acuerdos con el administrador anterior. Si salía a la luz, habría sido mi fin. ¿Sabes lo difícil que es mantener el control en una comunidad como esta? Todos creen que pueden mandar, y alguien tiene que tomar las riendas.

Las palabras de César fueron fluyendo, desvelando años de manipulación, conflictos fabricados y decisiones cuestionables. Admitió haber utilizado su posición para desestabilizar a aquellos que consideraba una amenaza, incluido Thiago, a quien veía como un adversario demasiado influyente.

En un giro sorprendente, César también mencionó:

—Esa pared… no es solo un tema de reparaciones. No quiero que estés en mi azotea porque sé lo que puedes encontrar. No es solo mi ego; es… otras cosas. Ya he perdido demasiado, Thiago.

Thiago, grabando cada palabra, no respondió a esta última confesión, pero sabía que acababa de recibir una pieza clave en el rompecabezas.

Capítulo 18: Las piezas claves del rompecabezas

El encuentro con César comenzó de manera tensa y cargada de intenciones ocultas. César, intentando mantener un aire de control, inició la conversación con una propuesta que apenas ocultaba su verdadero propósito:

—Vamos a ver, seamos claros, tío. Tú retiras las denuncias contra mí y arreglas la pared —dijo César con un tono que combinaba súplica y presión.

Thiago, quien había aprendido a no caer en provocaciones, respondió con cautela:

—César, no estoy seguro de que pueda retirarlas. Es un asunto penal y, como sabes, pertenece al derecho público. Eso ya está en manos de la justicia.

Pero César no estaba dispuesto a ceder. Intentando ganar terreno, lanzó una nueva amenaza velada:

117

—Yo también tengo varias querellas paralizadas por mi abogada. Aunque, bueno, he decidido cambiar de letrada porque la actual no me gusta. Pero, oye, Thiago, puedes hacer lo que quieras, ¿eh? No te temo.

Thiago, impasible, replicó con serenidad:

—César, haz lo que creas necesario. No te temo tampoco. Pero sabes que has pasado años injuriándome y calumniándome. Esto no empezó ayer.

César, por primera vez, pareció inclinarse hacia la sinceridad, aunque seguía intentando justificar sus acciones.

—No soy solo yo el responsable, Thiago. Tú sabes muy bien quién más ha estado detrás de todo esto.

Thiago, manteniendo la calma, pero buscando respuestas, preguntó directamente:

—¿Te refieres a la nota amenazante que alguien dejó en mi buzón? Esa que me apremiaba a vender mi vivienda y me daba tres meses para largarme del barrio. ¿Quién fue?

César, después de unos segundos de vacilación, soltó:

—¿Quién va a ser? La que cantaba por la ventana ese día que yo venía de operarme de la rodilla. Si lo sabe todo el mundo... La mujer del "guindilla," como tú le dices.

Thiago, sorprendido por la mención, presionó un poco más:

—¿Y por qué se modificó el título constitutivo para evitar que yo fuese presidente de la comunidad?

Esta vez, César respondió sin rodeos:

—Eso sí fui yo. Pero, tío, tú no te encontrabas en condiciones. Además, lo que queríamos era que no vieras los libros de la comunidad y las grandes irregularidades que había en ellos.

La conversación comenzaba a revelar años de manipulaciones y secretos, pero César no estaba dispuesto a dejar las cosas ahí.

—Mira, tío —insistió—, tú vas al juzgado, retiras las denuncias, y acabamos con todo esto.

Thiago, buscando prolongar la conversación para obtener más detalles, respondió con calma:

—Lo comentaré con mi abogada.

Pero Thiago no había terminado. Había algo que no podía dejar sin aclarar:

—César, explícame algo. ¿Por qué llamaste a la policía por violencia de género?

César, visiblemente incómodo, intentó justificar su acción:

—Porque pensaba que eras tú el que llamó a la policía por lo de mi hijo. Pensé que era en represalia.

Thiago, incrédulo, pero manteniendo la compostura, respondió:

—¿O sea que lo hiciste en represalia? Yo jamás llamaría a la policía salvo que fuera absolutamente necesario y verídico.

César, evitando el contacto visual, intentó desviar el tema:

—Es por mi hijo. Él no quiere líos. Me dice: "Papá, no me metas en jaleo con ese hombre."

Thiago, sin dejarse llevar por las emociones, concluyó:

—Podrías haber denunciado para averiguar quién fue realmente el que llamó. Pero no era yo.

César, intentando cerrar la conversación con un aire de aparente conciliación, añadió:

—Piénsatelo, tío. Esto no puede seguir así.

La Reacción de Thiago

De regreso en su hogar, Thiago reflexionó profundamente sobre lo que había ocurrido durante la reunión. La conversación con César no solo había confirmado sus sospechas, sino que también le había proporcionado nuevas piezas clave para completar el rompecabezas de los últimos veinte años en *El Enigma de la Gruta*.

Revisó cuidadosamente la grabación que había hecho del encuentro. Cada palabra de César revelaba un trasfondo de corrupción, manipulación y engaños que afectaban no solo a Thiago, sino también a la comunidad en su conjunto. Las confesiones de César pintaban un cuadro alarmante, una historia de control y abuso de poder que se remontaba a años atrás.

Thiago entendía que la comunidad tenía derecho a saber la verdad. Sin embargo, también sabía que debía actuar con cautela y de manera estratégica. Esa misma noche redactó un email dirigido a la gestora de *El Enigma de la Gruta*. En el mensaje, expuso un resumen detallado de las confesiones de César, omitiendo la grabación, pero dejando claro que tenía pruebas sólidas de lo dicho. Solicitó que estos puntos fueran discutidos en la próxima reunión comunitaria, dejando en manos de la gestora la responsabilidad de abordar los hechos de manera oficial.

Thiago estaba listo para el siguiente paso en su búsqueda de justicia. Aunque el camino sería largo y complicado, sabía que cada pieza del rompecabezas lo acercaba más a la verdad y, finalmente, a la reconciliación de una comunidad fracturada.

Capítulo 19. La decisión de Thiago.

Thiago escuchó atentamente la grabación de su última conversación con César, una pieza que resonaba en su mente como una mezcla de indignación y claridad. La manipulación, las amenazas veladas y los intentos de chantaje eran inconfundibles, pero también se entreveía la desesperación de alguien atrapado en su propia red de mentiras. A pesar de la presión que esa situación ejercía sobre sus hombros, Thiago sabía que no podía permitir que tales tácticas prevalecieran.

Esa noche, mientras el reloj marcaba las diez y las luces cálidas del hogar envolvían la sala, Thiago decidió compartir su decisión con África, su pareja.

Thiago: (suspirando profundamente) "África, he estado dándole vueltas a todo esto desde que escuché esa grabación. César ha cruzado una línea que no puedo ignorar. Esto ya no es solo sobre mí; es sobre lo que es correcto para todos nosotros."

África: (dejando su taza de té sobre la mesa, mirándolo con preocupación) "Lo sé, Thiago. Puedo ver lo mucho que te afecta esto. Pero también sé que siempre has actuado con integridad. ¿Qué estás pensando hacer?"

Thiago: (con voz firme) "Voy a tomar medidas, pero dentro del marco legal. No voy a ceder ni actuar de manera impulsiva. Voy a comunicar esto a las autoridades. Creo que tenemos suficientes pruebas para fortalecer la denuncia penal que ya presenté. También voy a pasar la grabación a mi abogada para que se encargue de presentar una ampliación de la denuncia. Quiero que esto se haga de forma impecable, sin darles oportunidad de cuestionar mis acciones."

África: (asintiendo, con un atisbo de orgullo en su voz) "Es lo correcto. Pero... ¿y la pared exterior? Has mencionado antes que es un elemento comunitario. ¿No sería mejor que se lo pasaras al administrador? No tiene sentido que te cargues con todo."

Thiago: (con una leve sonrisa) "Exactamente eso iba a hacer. Es un tema de la comunidad, y no es mi responsabilidad directa. Hablaré con el administrador para que traslade la situación a la presidencia de la comunidad. No quiero que esto se convierta en un arma que usen en mi contra, diciendo que actué por mi cuenta. Si la pared necesita reparaciones, será la comunidad la que tome la decisión."

África: (apoyando una mano en el hombro de Thiago) "Me parece bien. Pero prométeme algo, Thiago: no dejes que esto te consuma. Haz lo necesario, pero sigue adelante con nuestra vida. No dejes que César gane, ni siquiera en tu cabeza."

Thiago: (con determinación) "Lo prometo. Esto no va a detenerme. Pero necesito hacerlo bien, por nosotros, por nuestra comunidad, y por quienes vienen después."

Acción en Marcha

Al día siguiente, Thiago llevó a cabo cada paso con la precisión y el cuidado que lo caracterizaban. Primero, se puso en contacto con su abogada para discutir la grabación. Ambos analizaron el contenido con detenimiento, destacando los puntos más importantes que evidenciaban las amenazas y el intento de chantaje por parte de César. La abogada aseguró que incluiría tanto la grabación como su transcripción en las alegaciones que serían presentadas ante la Audiencia Provincial de Bruselas.

Más tarde, Thiago se dirigió al administrador de la comunidad para abordar el tema de la pared exterior. Explicó que, siendo un elemento comunitario, la responsabilidad recaía en la comunidad en su conjunto y no en un propietario individual. El administrador, consciente de la delicadeza del asunto, prometió notificar a la presidencia de la comunidad y convocar una reunión para tomar las medidas necesarias.

Finalmente, Thiago acudió al juzgado penal en Bruselas para formalizar la ampliación de su denuncia. Presentó la grabación, acompañada de la transcripción detallada, como evidencia de las nuevas amenazas recibidas. Este acto fortalecía aún más su caso y demostraba su compromiso con la justicia.

Reflexión y Determinación

Esa noche, de vuelta en casa, Thiago reflexionó sobre lo que había hecho. Sabía que el camino por delante sería complicado, pero la satisfacción de haber actuado correctamente le brindaba una paz interior que pocas cosas podían igualar.

Thiago: (pensando en voz alta) "Si algo he aprendido en todo este tiempo, es que no hay victoria sin sacrificio. No importa cuán grande sea la tormenta, siempre hay un camino para avanzar, y hoy he dado un paso más hacia la verdad."

África, sentada a su lado, le apretó la mano en silencio, recordándole que, pase lo que pase, no estaría solo en este desafío.

Capítulo 20. La Verdadera Cara de la Comunidad

La tensión en la sala era palpable desde el momento en que la presidenta Yanay anunció el inicio de la reunión extraordinaria. Los propietarios se acomodaron en sus sillas, algunos con expresiones de incomodidad, otros con un aire de expectación. Thiago, sentado en una esquina, mantenía una postura serena pero alerta, mientras César tamborileaba nerviosamente los dedos en la mesa, sin sospechar del todo lo que estaba a punto de desatarse.

El administrador, con una carpeta repleta de documentos, tomó la palabra con un tono firme:
Administrador: "Señores propietarios, esta reunión ha sido convocada a raíz de una grave situación comunicada por el Sr. Thiago. Procederé a leer los hechos denunciados."

Los murmullos se intensificaron mientras el administrador abría el documento. César arqueó una ceja, cruzando los brazos con un gesto desafiante.

Administrador: (leyendo en voz alta) "El Sr. César ha condicionado el acceso del Sr. Thiago a la retirada de denuncias que este último tiene interpuestas contra él. Esto incluye intentos de chantaje y amenazas documentadas."

En cuanto César escuchó esto, saltó de su silla como un resorte.
César: "¡Esto es inconcebible! ¡Usted no tiene derecho a hacer pública una grabación privada!"

Administrador: (con calma, pero con firmeza) "Señor César, le pido que no interrumpa. Tiene derecho a defenderse cuando termine de exponer los hechos."

César: (iracundo) "¡No pienso quedarme callado mientras este señor difunde mis conversaciones privadas! ¡Esto es una violación de mi intimidad!"

Thiago: (alzando la voz con autoridad) "Señor César, esto no es un ataque personal, es un tema comunitario. Su chantaje afecta no solo a mí, sino al bienestar de todos los propietarios. Y tengo derecho a defenderme."

César se levantó de un salto, caminando hacia Thiago con el puño levantado y la cara roja de furia.
César: "¡Eres un desgraciado, siempre intentando hacerte la víctima! ¡Te voy a enseñar a no meterte conmigo!"

Thiago, más alto y físicamente más imponente que César, dio un paso atrás con calma, evitando el conflicto físico.
Thiago: (con voz tranquila, pero firme) "No voy a caer en tu juego, César. Esto no es un ring de boxeo, es una comunidad."

En ese momento, varios vecinos intervinieron para calmar la situación. Yanay, la presidenta, se puso de pie, alzando la voz:
Yanay: "¡Esto es inadmisible, César! Esta comunidad no puede seguir produciendo daño. Necesitamos transparencia y respeto."

César, con una risa burlona, respondió con desprecio:
César: "¡Tú no tienes derecho a hablar, Yanay! ¿Ya olvidaste cómo le cantabas a Thiago desde tu ventana para provocarlo? ¿O cómo dejaste esa nota amenazante en su buzón? ¡Todos aquí tienen algo de qué avergonzarse!"

El comentario cayó como una bomba en la sala. Yanay se quedó muda, su rostro palideció. Los demás vecinos comenzaron a mirarse unos a otros,

incómodos. Pero César no se detuvo. Se giró hacia Brutus y señaló con un dedo acusador.
César: "¿Y tú, Brutus? ¿Ya olvidaste las patadas que dabas en el trastero de Thiago para intimidarlo?"

Brutus: (levantándose de golpe) "¡Ten cuidado con lo que dices, César! No estoy dispuesto a que me metas en tus líos."

César, lejos de calmarse, soltó una carcajada.
César: "¡Oh, no me hagas hablar, Brutus! ¿Quieres que te recuerde lo que le hiciste a Thiago?"

Popeye intervino, tratando de apaciguar los ánimos:
Popeye: "¡César, basta! Estás calentando el ambiente sin necesidad."

Pero César lo fulminó con la mirada.
César: (con sarcasmo) "¿Y tú, Popeye? ¿Ya olvidaste cuando sellaste la cerradura de la puerta de Thiago? ¿O quieres que también lo diga en voz alta?"

El propietario del 109, que hasta ese momento había permanecido callado, se levantó abruptamente.
Propietario 109: "¡Esto es suficiente! ¡Me largo de aquí! He puesto mi casa a la venta porque estoy harto de todos ustedes."

César, sin perder el ritmo, lo señaló con una sonrisa cínica.
César: "¡Ah, claro! ¿Y no dirás por qué, ¿verdad?

128

¡Porque tú también estás metido en esto! ¿No recuerdas cuando tiraste basura y caldo en la puerta de Thiago?"

El 109 no se contuvo. En un arrebato de furia, cruzó la sala y le dio un puñetazo a César, tumbándolo al suelo. La sala estalló en gritos mientras varios vecinos se lanzaban a separarlos. César, con la nariz sangrando, se levantó tambaleándose.

Yanay: (golpeando la mesa con fuerza) "¡Esto es el colmo! ¡Basta ya! Si seguimos así, esta comunidad no tiene futuro."

Thiago, observando el caos, sonrió para sus adentros. La reunión estaba exponiendo todo lo que él ya sabía, pero que hasta ahora no había salido a la luz de forma pública.

El Cierre de la Reunión

Después de varios minutos de caos, el administrador logró recuperar el control. Administrador: "Voy a pedir que conste en acta todo lo sucedido hoy. Este es un tema grave, y tomaremos las medidas necesarias. Si alguien más tiene algo que añadir, hágalo ahora."

Yanay, todavía visiblemente afectada, tomó la palabra.
Yanay: "Es evidente que todos hemos cometido

errores, pero esto no puede seguir así. Necesitamos un mediador externo para ayudar a resolver los conflictos en esta comunidad."

Thiago, aprovechando el momento, se levantó y habló con serenidad.
Thiago: "Hoy hemos visto el daño que la desunión puede causar. No busco venganza, solo justicia. Espero que esta reunión marque el comienzo de un cambio real en La Gruta."

Los vecinos asintieron lentamente, algunos avergonzados, otros esperanzados. César, sentado con una bolsa de hielo en la cara, no dijo nada más. Por primera vez, parecía derrotado.

Reflexión Final

Cuando la reunión terminó, la comunidad quedó sumida en una mezcla de silencio y reflexión. El enfrentamiento había sacado a la luz las sombras de La Gruta, pero también había abierto una puerta hacia la posibilidad de un cambio. Thiago, con sus pruebas y su determinación, había logrado lo que parecía imposible: forzar a todos a mirarse al espejo y enfrentar sus propios demonios.

Capítulo 20. La Verdadera Cara de la Comunidad

La tensión en la sala era palpable desde el momento en que la presidenta Yanay anunció el inicio de la reunión extraordinaria. Los propietarios se acomodaron en sus sillas, algunos con expresiones de incomodidad, otros con un aire de expectación. Thiago, sentado en una esquina, mantenía una postura serena pero alerta, mientras César tamborileaba nerviosamente los dedos en la mesa, sin sospechar del todo lo que estaba a punto de desatarse.

El administrador, con una carpeta repleta de documentos, tomó la palabra con un tono firme: Administrador: "Señores propietarios, esta reunión ha sido convocada a raíz de una grave situación comunicada por el Sr. Thiago. Procederé a leer los hechos denunciados."

Los murmullos se intensificaron mientras el administrador abría el documento. César arqueó una ceja, cruzando los brazos con un gesto desafiante.

Administrador: (leyendo en voz alta) "El Sr. César ha condicionado el acceso del Sr. Thiago a la retirada de denuncias que este último tiene interpuestas contra él. Esto incluye intentos de chantaje y amenazas documentadas."

En cuanto César escuchó esto, saltó de su silla como un resorte.
César: "¡Esto es inconcebible! ¡Usted no tiene derecho a hacer pública una grabación privada!"

Administrador: (con calma, pero con firmeza) "Señor César, le pido que no interrumpa. Tiene derecho a defenderse cuando termine de exponer los hechos."

César: (iracundo) "¡No pienso quedarme callado mientras este señor difunde mis conversaciones privadas! ¡Esto es una violación de mi intimidad!"

Thiago: (alzando la voz con autoridad) "Señor César, esto no es un ataque personal, es un tema comunitario. Su chantaje afecta no solo a mí, sino al bienestar de todos los propietarios. Y tengo derecho a defenderme."

César se levantó de un salto, caminando hacia Thiago con el puño levantado y la cara roja de furia.
César: "¡Eres un desgraciado, siempre intentando hacerte la víctima! ¡Te voy a enseñar a no meterte conmigo!"

Thiago, más alto y físicamente más imponente que César, dio un paso atrás con calma, evitando el conflicto físico.
Thiago: (con voz tranquila, pero firme) "No voy a caer en tu juego, César. Esto no es un ring de boxeo, es una comunidad."

En ese momento, varios vecinos intervinieron para calmar la situación. Yanay, la presidenta, se puso de pie, alzando la voz:
Yanay: "¡Esto es inadmisible, César! Esta comunidad no puede seguir produciendo daño. Necesitamos transparencia y respeto."

César, con una risa burlona, respondió con desprecio:

César: "¡Tú no tienes derecho a hablar, Yanay! ¿Ya olvidaste cómo le cantabas a Thiago desde tu ventana para provocarlo? ¿O cómo dejaste esa nota amenazante en su buzón? ¡Todos aquí tienen algo de qué avergonzarse!"

El comentario cayó como una bomba en la sala. Yanay se quedó muda, su rostro palideció. Los demás vecinos comenzaron a mirarse unos a otros, incómodos. Pero César no se detuvo. Se giró hacia Brutus y señaló con un dedo acusador.

César: "¿Y tú, Brutus? ¿Ya olvidaste las patadas que dabas en el trastero de Thiago para intimidarlo?"

Brutus: (levantándose de golpe) "¡Ten cuidado con lo que dices, César! No estoy dispuesto a que me metas en tus líos."

César, lejos de calmarse, soltó una carcajada.

César: "¡Oh, no me hagas hablar, Brutus! ¿Quieres que te recuerde lo que le hiciste a Thiago?"

Popeye intervino, tratando de apaciguar los ánimos:

Popeye: "¡César, basta! Estás calentando el ambiente sin necesidad."

Pero César lo fulminó con la mirada.

César: (con sarcasmo) "¿Y tú, Popeye? ¿Ya olvidaste cuando sellaste la cerradura de la puerta de Thiago? ¿O quieres que también lo diga en voz alta?"

El propietario del 109, que hasta ese momento había permanecido callado, se levantó abruptamente.

Propietario 109: "¡Esto es suficiente! ¡Me largo de aquí! He puesto mi casa a la venta porque estoy harto de todos ustedes."

César, sin perder el ritmo, lo señaló con una sonrisa cínica.

César: "¡Ah, claro! ¿Y no dirás por qué, verdad? ¡Porque tú también estás metido en esto! ¿No recuerdas cuando tiraste basura y caldo en la puerta de Thiago?"

El 109 no se contuvo. En un arrebato de furia, cruzó la sala y le dio un puñetazo a César, tumbándolo al suelo. La sala estalló en gritos mientras varios vecinos se lanzaban a separarlos. César, con la nariz sangrando, se levantó tambaleándose.

Yanay: (golpeando la mesa con fuerza) "¡Esto es el colmo! ¡Basta ya! Si seguimos así, esta comunidad no tiene futuro."

Thiago, observando el caos, sonrió para sus adentros. La reunión estaba exponiendo todo lo que él ya sabía, pero que hasta ahora no había salido a la luz de forma pública.

El Cierre de la Reunión

Después de varios minutos de caos, el administrador logró recuperar el control.

Administrador: "Voy a pedir que conste en acta todo lo sucedido hoy. Este es un tema grave, y tomaremos las medidas necesarias. Si alguien más tiene algo que añadir, hágalo ahora."

Yanay, todavía visiblemente afectada, tomó la palabra.
Yanay: "Es evidente que todos hemos cometido errores, pero esto no puede seguir así. Necesitamos un mediador externo para ayudar a resolver los conflictos en esta comunidad."

Thiago, aprovechando el momento, se levantó y habló con serenidad.
Thiago: "Hoy hemos visto el daño que la desunión puede causar. No busco venganza, solo justicia. Espero que esta reunión marque el comienzo de un cambio real en La Gruta."

Los vecinos asintieron lentamente, algunos avergonzados, otros esperanzados. César, sentado con una bolsa de hielo en la cara, no dijo nada más. Por primera vez, parecía derrotado.

Reflexión Final

Cuando la reunión terminó, la comunidad quedó sumida en una mezcla de silencio y reflexión. El enfrentamiento había sacado a la luz las sombras de La Gruta, pero también había abierto una puerta hacia la posibilidad de un cambio. Thiago, con sus pruebas y su determinación, había logrado lo que parecía imposible: forzar a todos a mirarse al espejo y enfrentar sus propios demonios.

Capítulo 21: El Caos se Desata en *El Enigma de la Gruta*

La reunión de urgencia había dejado a los vecinos de La Gruta en un estado de conmoción y confusión. Las verdades reveladas durante el enfrentamiento parecían haber roto un dique, liberando años de tensiones acumuladas, resentimientos enterrados y secretos oscuros. Lo que había comenzado como un intento de encontrar soluciones terminó en una explosión de emociones y conflictos que ahora amenazaban con fracturar la comunidad de manera irreparable.

Las Secuelas del Estallido

Horas después del altercado físico entre César y el vecino del 109, las conversaciones en La Gruta eran un hervidero de rumores y opiniones divididas. Algunos justificaban al 109, cansados de las provocaciones de César, mientras que otros criticaban la falta de control y madurez en la reunión. Yanay, como presidenta, intentaba sin éxito aplacar la tormenta emocional que se desataba en los grupos de mensajería y en los pasillos de los edificios.

Thiago, por su parte, observaba el caos con una mezcla de satisfacción y preocupación. Sabía que los eventos de la reunión, aunque descontrolados, habían sacado a la luz los hechos que llevaba tiempo denunciando. Sin embargo, la violencia no era la solución que él deseaba para La Gruta.

En su apartamento, África trataba de calmarlo:
África: (mirándolo mientras él revisaba sus grabaciones) "Thiago, sé que querías que la verdad saliera a la luz, pero esto… esto se está desmoronando más rápido de lo que cualquiera puede controlar. ¿Qué vas a hacer ahora?"
Thiago: (cerrando el portátil) "La verdad siempre trae caos antes de traer justicia, África. Pero ahora es el momento de actuar con más cabeza. No podemos permitir que esto se convierta en una guerra sin fin."

La Comunidad en Llamas

Al día siguiente, el administrador de la comunidad envió un correo oficial para anunciar una nueva asamblea extraordinaria con carácter urgente, enfocada en restaurar el orden y definir un camino claro para abordar los problemas. El mensaje no hizo más que avivar las llamas. En los comentarios del grupo de WhatsApp, César dejó una serie de mensajes incendiarios:

César: "Es evidente que Thiago está detrás de todo esto. Siempre buscando dividirnos con sus denuncias y grabaciones. ¿Quién más se beneficia del caos sino él?"
Popeye: (contestando) "César, ya basta. Todos sabemos lo que hiciste. Lo que hicimos. No intentes desviar la atención."

César: "¿Y tú vas a darme lecciones? No olvides quién te ayudó a conseguir ese descuento en las reformas de tu apartamento. Nadie aquí está libre de culpa."

El chat se llenó de acusaciones cruzadas, confesiones veladas y mensajes que se borraban segundos después de ser enviados. La tensión aumentaba con cada palabra escrita, dejando claro que la comunidad estaba al borde del colapso total.

Thiago Toma el Control

Thiago, al ver el creciente caos, decidió convocar una reunión informal con los vecinos que aún confiaban en su liderazgo. Entre ellos estaban Doroteo, Yanay, y algunos residentes que no habían participado en las acciones contra él. En el pequeño salón comunitario, Thiago habló con calma pero con determinación:

Thiago: "Sé que muchos de ustedes sienten que esto no tiene solución, que estamos demasiado divididos. Pero les aseguro que aún podemos salvar a La Gruta. Necesitamos una auditoría completa, transparencia en las cuentas y, sobre todo, un compromiso real de todos para dejar atrás las viejas rencillas."

Doroteo asintió con firmeza.
Doroteo: "Thiago tiene razón. No podemos dejar que los errores del pasado sigan definiendo nuestro futuro. Pero esto solo funcionará si todos, y digo todos, asumen la responsabilidad de sus actos."

La conversación fue productiva, pero quedó claro que el desafío era monumental. La comunidad estaba en llamas, y apagar ese fuego requeriría tiempo, paciencia y más enfrentamientos inevitables.

La Próxima Tormenta

Mientras tanto, César no se quedó de brazos cruzados. En un intento desesperado por recuperar el control, comenzó a movilizar a sus aliados más cercanos, prometiendo revelar "secretos" sobre Thiago que, según él, pondrían en entredicho su integridad. Yanay, Popeye y Doroteo fueron sus primeros objetivos, pero todos lo rechazaron, cansados de sus manipulaciones.

Sin embargo, César no estaba dispuesto a rendirse. En su apartamento, rodeado de papeles y documentos antiguos, redactó una carta anónima dirigida al administrador de la comunidad y a los medios locales, cargada de acusaciones contra Thiago y varios vecinos que lo habían apoyado. Para César, si iba a caer, no lo haría solo.

El caos estaba lejos de terminar. Las próximas semanas prometían ser decisivas, no solo para Thiago y César, sino para el destino mismo de La Gruta.

El eco de la reunión extraordinaria seguía resonando en los pasillos de La Gruta. Los vecinos de la segunda planta, que hasta ahora habían mantenido un perfil bajo, comenzaron a involucrarse en el conflicto. Sus nombres, apenas mencionados en los dramas anteriores, se convirtieron de pronto en parte activa del entramado de la comunidad.

Los Personajes de la Segunda Planta

- Matilde: una mujer mayor, conocida por su afición a las novelas de misterio y su mirada perspicaz, siempre dispuesta a observar desde las sombras.

- Rodolfo: un hombre reservado que trabajaba como programador. Su personalidad analítica lo hacía un punto de equilibrio, pero no dudaba en tomar partido cuando sentía que la justicia lo requería.

- Lucía y Marcos: una pareja joven que acababa de mudarse a La Gruta. A pesar de su carácter conciliador, estaban empezando a cansarse de las constantes disputas.

Un Encuentro en el Pasillo

Matilde estaba sentada en su pequeño taburete junto a la ventana, observando cómo Thiago subía las escaleras después de una reunión con Doroteo. Al pasar frente a la puerta de Matilde, la voz de la mujer, afilada como una navaja, lo detuvo.

Matilde: "¡Thiago! Un momento, por favor. ¿Tienes un minuto para esta anciana curiosa?"

Thiago: (sonriendo, pero cansado) "Siempre, Matilde. ¿Qué puedo hacer por ti?"

Matilde: (mirándolo fijamente) "He oído rumores. Esa reunión debió de ser una carnicería, y algo me dice que aún no hemos visto lo peor. ¿Qué planeas hacer ahora? ¿Cómo vas a manejar a César y a toda su jauría de cómplices?"

Thiago suspiró y se apoyó contra la pared del pasillo.
Thiago: "Honestamente, Matilde, estoy cansado. Pero no pienso rendirme. Esto no es solo por mí. Es por todos nosotros. Ya ves lo que César está dispuesto a hacer, cómo intenta manipular y dividir. Alguien tiene que enfrentarlo."

Matilde asintió lentamente, sus ojos brillando con admiración.
Matilde: "Pues cuenta conmigo, Thiago. No soy tan joven como para levantar piedras, pero mi memoria es tan aguda como siempre. Si necesitas pruebas o alguien que te apoye con lo que he visto y oído en estos años, no dudes en llamarme."

Thiago: (sonriendo) "Gracias, Matilde. Tu apoyo significa mucho. Te prometo que voy a darlo todo para que esto termine de una vez."

Rodolfo, el Mediador Silencioso

Más tarde esa noche, Thiago tocó la puerta de Rodolfo, quien lo recibió con una expresión tranquila.

Thiago: "Rodolfo, sé que has estado callado durante todo este tiempo, pero creo que tu perspectiva podría ser invaluable ahora. Tú eres alguien que ve las cosas desde fuera. ¿Qué crees que está pasando realmente en La Gruta?"

Rodolfo se ajustó las gafas y pensó un momento antes de responder.
Rodolfo: "Lo que veo, Thiago, es que todos están actuando como piezas en un tablero de ajedrez, pero César juega con reglas de un juego completamente diferente. Su estrategia no es lógica; es emocional. Está manipulando las inseguridades y los miedos de las personas. Y mientras lo siga haciendo, este conflicto no se resolverá. ¿Has pensado en cómo podrías quitarle ese poder?"

Thiago: (reflexionando) "¿Te refieres a exponerlo aún más?"

Rodolfo: "Sí, pero no solo exponiendo sus acciones. Exponiendo *quién es él*. La gente necesita ver más allá de su fachada. Si logras que los vecinos lo enfrenten emocionalmente, sus estrategias se desmoronarán. Pero tienes que hacerlo con inteligencia."

Thiago agradeció el consejo de Rodolfo, sabiendo que el programador tenía razón.

Lucía y Marcos: La Generación que Quiere Paz

Thiago los encontró al día siguiente en las escaleras, con un carrito de compras lleno de bolsas de supermercado. La pareja le dirigió una sonrisa nerviosa, conscientes de quién era y de los problemas que lo rodeaban.

Lucía: "Thiago, ¿podemos hablar contigo un momento? Nos hemos estado sintiendo… un poco abrumados con todo lo que está pasando en la comunidad."

Thiago: "Claro, ¿qué les preocupa?"

Marcos: "Honestamente, estamos pensando en vender y marcharnos. No vinimos aquí para esto. Queríamos un lugar tranquilo para comenzar nuestra vida juntos, pero todo este drama... nos está afectando más de lo que esperábamos."

Thiago sintió un nudo en el estómago. Cada vecino que pensaba en irse era una pérdida para la comunidad.
Thiago: "Entiendo cómo se sienten, de verdad. Pero La Gruta no siempre ha sido así. Esto es temporal, se los prometo. Si pueden confiar en mí un poco más, estoy trabajando para arreglar las cosas."

Lucía lo miró con empatía.
Lucía: "Queremos creer en ti, Thiago. De verdad. Pero todo esto se siente tan... caótico. Si hay algo

143

que podamos hacer para ayudar, dínoslo. No queremos ser meros espectadores."

Thiago: "Hay algo, en realidad. Asistan a las reuniones. Hablen. Su voz es importante. Si los vecinos ven que incluso los nuevos están dispuestos a luchar por la comunidad, será un mensaje poderoso."

La pareja asintió, decidida a dar una última oportunidad antes de tomar una decisión final.

El Conflicto Crece

Mientras Thiago buscaba aliados, César seguía conspirando con los pocos seguidores que le quedaban. En un mensaje anónimo, prometió que la próxima reunión sería "el verdadero fin de Thiago". Pero esta vez, Thiago no estaba solo. Las voces de Matilde, Rodolfo, Lucía y Marcos comenzaban a unirse a un coro que, poco a poco, ganaba fuerza en La Gruta.

El caos seguía ardiendo, pero dentro de las llamas, se empezaba a vislumbrar una chispa de esperanza.

Capítulo 22: La Tormenta en Casa de César

La casa de César, normalmente un refugio de aparente estabilidad se había transformado en un campo de batalla emocional. Los muros, testigos silenciosos de los años de mentiras y manipulaciones, ahora resonaban con gritos, sollozos y reproches.

La Riña Estalla

Florinda, la esposa de César, estaba al borde del colapso emocional. Sentada en el borde de la cama matrimonial, con el teléfono en la mano, marcó el número de su amiga abogada, Clara, en busca de ayuda para preparar los papeles del divorcio.

César: (irrumpiendo en la habitación) "¿Qué estás haciendo? ¿Con quién hablas?"

Florinda: (fría y decidida) "Llamando a Clara. Esto se acabó, César. No puedo seguir viviendo contigo. Necesito salir de este infierno."

Antes de que pudiera terminar, César le arrebató el teléfono con violencia.
César: "¡No puedes hacer eso! ¡No me puedes abandonar! ¡No ahora, no cuando más te necesito!"

Florinda: (levantándose, temblando de ira) "¿Que *te necesito*? ¡Por Dios, César, llevas años destrozando esta familia con tus mentiras, ¡tu prepotencia y tus juegos sucios! ¡Algo tenía que pasar! Nadie es intocable. Y ahora, la justicia viene por ti, ¿y esperas que yo siga aquí fingiendo que todo está bien?"

En ese momento, el timbre de la casa sonó con insistencia. Florinda, ignorando a César, se dirigió a la puerta. Allí estaba el cartero, sosteniendo un sobre certificado.

Cartero: "Señora, esto es para el señor César Morales. Necesito una firma."

Florinda miró al cartero con una mezcla de resignación y vergüenza. Firmó y cerró la puerta antes de llevar el sobre a la sala de estar, donde César ya había comenzado a morderse las uñas.

Florinda: (arrojándole el sobre) "Toma. Supongo que son buenas noticias, ¿no?"

César abrió el sobre con manos temblorosas. Dentro estaba una citación judicial del juzgado de Bruselas, que lo convocaba como investigado en el caso de acoso y amenazas interpuesto por Thiago.

César: (leyendo en voz alta, con la voz quebrada) "César Morales, citado en calidad de investigado..."

Florinda: (cruzándose de brazos) "¿Y ahora qué, César? ¿Vas a fingir que esto es un error también? ¿Qué es culpa de Thiago, de los vecinos, de todo el mundo menos tuya?"

El Hijo de César Se Va

146

La tensión se disparó aún más cuando Pablo, el hijo mayor de César, entró en la sala con una mochila en la mano.

Pablo: "No puedo seguir aquí. Esto ya no es una casa, es un manicomio."

César: (mirándolo incrédulo) "¿De qué estás hablando? ¿A dónde vas?"

Pablo: "A casa de Irene. Sus padres me han ofrecido quedarme con ellos hasta que pueda organizar mi vida. No quiero vivir aquí contigo, papá. Estoy harto de tus gritos, de tus problemas, de todo este caos."

Florinda: (con sarcasmo) "Mira, César, ahí va uno de tus logros. ¿Vas a echarle la culpa también?"

César: (desesperado, intentando agarrar el brazo de su hijo) "¡Pablo, no te puedes ir! ¡Soy tu padre! ¡Te necesito aquí!"

Pablo: (retirando el brazo con firmeza) "Lo único que necesito ahora es paz, y aquí no la voy a encontrar. Irene y sus padres me apoyan más que tú."

Florinda, al escuchar esto, se acercó a Pablo y le besó la frente.

Florinda: "Haz lo que tengas que hacer, hijo. No te preocupes por nada. Irene es una buena chica, y Claudio y Noelia son personas maravillosas. Estarás bien con ellos."

Con un último vistazo de desdén hacia su padre, Pablo salió por la puerta, dejando a César completamente abatido.

El Derrumbe de César

Florinda regresó al salón, donde César estaba sentado en el sofá, mirando el suelo con ojos vidriosos. En un rincón, su hija menor, Ana, lloraba en silencio, abrazando un cojín.

Ana: (rompiendo el silencio) "Papá... la ruina que has traído a esta casa no tiene perdón. Todo lo que hemos construido se está desmoronando, y todo es por tu culpa."

César empezó a llorar, un llanto desgarrador que no mostraba arrepentimiento, sino una mezcla de rabia e impotencia.

César: "¡Thiago me las va a pagar! ¡Lo juro, lo mataré si es necesario!"

Florinda: (gritando) "¡César, cállate! ¿No ves que lo único que haces es hundirte más? Deja de buscar excusas y enfrenta la realidad. ¡Tú eres el único culpable de todo esto! Si sigues por este camino, no vas a tener a nadie a tu lado. Y que te quede claro: mañana mismo llamo a Clara y preparo los papeles del divorcio. Allá tú con tus problemas, pero yo no quiero esta vida."

César: (con la voz rota) "Florinda... no me abandones. Por favor."

Florinda: (sin mirarlo) "De nada me sirven tus lágrimas, César. Años llevas haciendo lo mismo y nunca escarmientas. ¿Qué esperabas? ¿Que nunca pasaría nada? Nadie es impune."

Ana, todavía llorando, se levantó y se dirigió hacia las escaleras.

Ana: "Yo tampoco quiero esta vida, papá. Pero a diferencia de mamá, no tengo opción. Quédate aquí llorando, pero no esperes que te perdone por todo lo que has hecho."

El Karma de César

El silencio que quedó en la casa después de estas palabras fue ensordecedor. César se quedó solo en la sala, con el sobre del juzgado todavía en la mano. Las lágrimas seguían corriendo por su rostro mientras murmuraba para sí mismo.

César: "Todo lo hice por mi familia... todo fue por ellos. ¿Cómo he llegado hasta aquí?"

La soledad, el rechazo de su familia y el peso de las consecuencias finalmente lo aplastaron. César, que siempre había sido un hombre orgulloso y autoritario, estaba ahora completamente hundido. El karma, ese juez implacable, finalmente había llegado para cobrarle la factura.

Capítulo 23: La Soledad de César

La casa de César, que alguna vez había sido un bullicioso centro de actividad familiar, ahora se sentía como una prisión vacía. Cada rincón parecía resonar con ecos de conversaciones pasadas, risas de sus hijos, y los momentos felices que él mismo había destrozado con sus decisiones.

El Abismo Interior

César se levantó del sofá al día siguiente con el peso de una noche de insomnio marcada por remordimientos y pensamientos oscuros. La mesa del comedor, aún con los restos de la cena que nadie se había molestado en recoger, se le antojaba un recordatorio cruel de su fracaso.

Decidió caminar por la casa, buscando algo, cualquier cosa, que le devolviera un poco de propósito. En el salón encontró un álbum de fotos cubierto de polvo. Al abrirlo, las imágenes de cumpleaños, vacaciones y momentos felices con su familia lo golpearon como una bofetada.

César: (murmurando para sí mismo) "¿En qué momento todo se fue al infierno?"

Al pasar las páginas, llegó a una foto de su boda con Florinda. Ella sonreía, radiante, con una mirada llena de confianza y amor. César cerró el álbum de golpe, incapaz de soportar la comparación con la realidad actual.

Un Intento de Reconexión

La soledad comenzó a transformarse en desesperación. César tomó el teléfono y, después de varios intentos, marcó el número de Florinda.

César: (con voz temblorosa) "Florinda, por favor... podemos arreglar esto. Dame una oportunidad. Lo siento, lo siento de verdad."

Florinda: (fría y distante) "César, esto no es algo que puedas arreglar con palabras. No estoy interesada en tus disculpas. Mi decisión está tomada, y espero que tengas la decencia de respetarla."

César trató de insistir, pero Florinda colgó sin darle la oportunidad de seguir hablando.

En un arranque de frustración, César lanzó el teléfono contra la pared, pero el impacto no trajo alivio, solo el sonido de algo roto, como su propia vida.

El Fantasma de la Familia

Esa misma tarde, César intentó hablar con su hija Ana, quien permanecía encerrada en su habitación desde la noche anterior. Tocó la puerta con suavidad.

César: "Ana... por favor, hija, hablemos."

Ana abrió la puerta ligeramente, pero su mirada estaba cargada de tristeza y decepción.

Ana: "¿Qué quieres, papá? ¿Más excusas? ¿Más promesas vacías?"

César: (implorando) "No, hija. Solo quiero... entender cómo puedo arreglar esto. Quiero que sepas que lo siento."

Ana: (con lágrimas en los ojos) "No puedes arreglar esto, papá. Todo lo que tocas termina peor. Solo quiero que me dejes en paz."

Ana cerró la puerta sin esperar respuesta, dejando a César en el pasillo, paralizado por el rechazo de su propia hija.

Los Fantasmas de las Decisiones Pasadas

Esa noche, César volvió a su despacho, el único lugar de la casa que todavía le daba una falsa sensación de control. Se sentó frente a su escritorio, rodeado de papeles y documentos que alguna vez simbolizaron su éxito profesional y personal. Ahora eran solo recordatorios de todo lo que había perdido.

Abrió una carpeta donde guardaba cartas y notas importantes. Entre ellas, encontró un borrador de un discurso que había preparado años atrás para una reunión comunitaria. En el margen, había escrito una frase que parecía casi irónica ahora:

"El verdadero líder no teme asumir la responsabilidad por sus errores."

César rió amargamente, sintiendo el peso de su hipocresía. La risa pronto dio paso a un sollozo, uno profundo y desgarrador, mientras apoyaba la cabeza sobre el escritorio.

Una Visita Inesperada

El sonido del timbre interrumpió su llanto. César se limpió las lágrimas rápidamente y se dirigió a la puerta, esperando que fuera Florinda o incluso Ana. Pero al abrirla, se encontró con su vecino, Yanick, un hombre tranquilo de la planta baja con quien apenas había intercambiado palabras en el pasado.

Yanick: "Buenas noches, César. Solo quería pasar a ver cómo estabas."

César: (sorprendido) "¿Cómo estoy? Bueno, como puedes imaginar... no muy bien."

Yanick, con una mirada empática, sacó una botella de vino que llevaba bajo el brazo.

Yanick: "No tienes que hablar de ello si no quieres. Pero pensé que tal vez te vendría bien algo de compañía."

César, aunque desconfiado al principio, aceptó la invitación tácita. Ambos se sentaron en la sala de estar, con el vino sirviendo de catalizador para una conversación inesperada.

153

Yanick: "Mira, no voy a justificar nada de lo que has hecho. Pero todos hemos tenido nuestros momentos oscuros. Lo importante es decidir qué vas a hacer a partir de ahora."

Las palabras de Yanick calaron en César, quien, por primera vez en mucho tiempo, sintió un atisbo de esperanza.

El Primer Paso Hacia la Redención

Esa conversación marcó el inicio de un cambio. César comenzó a reflexionar sobre cómo podría intentar reparar el daño causado, no solo con su familia, sino también con la comunidad. Aunque sabía que el camino sería largo y lleno de obstáculos, estaba decidido a intentarlo.

La soledad, antes una carga insoportable, se convirtió en un espacio para la introspección. César, finalmente enfrentándose a sus demonios, comenzó a vislumbrar un posible camino hacia la redención.

Capítulo 24: La Perdición de César

La noche que cambiaría para siempre la historia de La Gruta comenzó como cualquier otra. Las calles estaban tranquilas, y la comunidad apenas comenzaba a recuperarse de las tensiones recientes. Sin embargo, en la mente de César, una tormenta de pensamientos oscuros lo empujaba al límite de su cordura.

Sentado en su sala, con una botella de licor a medio vaciar sobre la mesa, miraba fijamente un cuchillo que había tomado de la cocina. Su mente divagaba entre el remordimiento y la ira, hasta que una idea irracional se apoderó de él: confrontar a Thiago de una vez por todas.

El Ataque

A altas horas de la noche, César llegó a la puerta de Thiago, con el cuchillo escondido bajo su chaqueta. Golpeó con fuerza, despertando a Thiago y a África.

Thiago: (abriendo la puerta con cautela) "¿César? ¿Qué haces aquí a esta hora?"

Sin mediar palabra, César sacó el cuchillo y lanzó un ataque directo. La reacción rápida de Thiago salvó su vida: al esquivar el golpe, la hoja solo logró hacer un corte profundo en su brazo derecho.

Thiago: (gritando) "¡¿Estás loco?!"

África: (desde dentro de la casa) "¡Thiago! ¿Qué está pasando? ¡Voy a llamar a la policía!"

César, al escuchar la voz de África y darse cuenta de lo que había hecho, soltó un grito desesperado y salió corriendo hacia su casa. Thiago,

155

sosteniéndose el brazo sangrante, intentó perseguirlo, pero África lo detuvo.

África: "¡No te arriesgues, Thiago! Déjalo, la policía ya viene."

La Detención

En cuestión de minutos, varias patrullas policiales rodearon la casa de César. Tras un breve enfrentamiento verbal, César finalmente se entregó sin ofrecer resistencia.

Policía: (con voz firme) "Señor César, está bajo arresto por intento de homicidio. Tiene derecho a guardar silencio..."

César, cabizbajo y con las manos esposadas, no ofreció ninguna respuesta. Fue conducido al calabozo mientras la comunidad se despertaba con la noticia del ataque.

La Reacción de la Comunidad

Al amanecer, La Gruta era un hervidero de rumores y conmoción. Los vecinos comentaban el incidente con incredulidad.

Yanay: (hablando con Popeye en las escaleras) "¿Viste lo que pasó? ¡César atacó a Thiago con un cuchillo! Esto ya pasó todos los límites."

Popeye: "Siempre supe que César estaba loco, pero esto... Esto es demasiado. No sé cómo la comunidad podrá recuperarse de esto."

Florinda: (visiblemente alterada al enterarse de los hechos) "Es el final. No puedo creer que esto haya llegado tan lejos. César está perdido."

La Audiencia Judicial

Dos días después, César fue llevado ante el juez en Bruselas. La audiencia fue breve pero contundente. El juez enumeró los cargos: intento de homicidio, amenazas previas, y otros delitos acumulados durante años de conflictos con la comunidad y con Thiago.

Juez: "Señor César, dada la gravedad de las acusaciones en su contra y el riesgo de fuga, se le concede libertad condicional bajo las siguientes condiciones: entrega inmediata de su pasaporte, prohibición de acercarse a menos de 500 metros del señor Thiago y su familia, y presentación semanal en este tribunal. Le advierto que cualquier incumplimiento resultará en su detención inmediata."

César, que hasta ese momento había permanecido en silencio, levantó la vista.

César: (con voz quebrada) "¿Y qué pasa con mi familia? ¿Ya los perdí también?"

El juez no respondió directamente, pero la mirada de reproche de los presentes en la sala fue suficiente respuesta.

El Revuelo en La Gruta

La noticia de la libertad condicional de César desató opiniones encontradas entre los residentes. Mientras algunos estaban indignados por la decisión, otros, aunque consternados, entendieron que la justicia debía seguir su curso.

Ana: (hablando con su hermano mientras recogía sus cosas de la casa) "No puedo seguir aquí. Todo lo que toca papá se convierte en un desastre."

Hijo de César: (respondiendo) "Hicimos bien en irnos antes de que esto explotara. Irene y su familia nos han recibido con los brazos abiertos. Papá tiene que enfrentar sus demonios solo."

César en Soledad

De regreso en su hogar vacío, César se sentó en el mismo sofá donde había comenzado su noche fatídica. Ahora, con el eco de las palabras del juez resonando en su cabeza y el recuerdo del rostro de Thiago lleno de dolor, se enfrentaba al abismo de sus decisiones.

Con las manos temblorosas, tomó una hoja en blanco y comenzó a escribir una carta. No sabía si iba dirigida a Florinda, a sus hijos, o incluso a

Thiago, pero sentía que debía plasmar lo que quedaba de su humanidad en palabras.

César: (escribiendo) "He cometido errores que no tienen perdón. Pero quiero que sepan que nunca dejé de quererlos, incluso cuando no supe cómo demostrarlo."

La Comunidad Toma una Decisión

Mientras tanto, en una reunión extraordinaria, los vecinos de La Gruta discutieron el futuro de César. Algunos abogaban por expulsarlo de la comunidad, mientras que otros, liderados por Thiago, pedían que se respetara el debido proceso.

Thiago: (con el brazo vendado, hablando con calma) "No podemos actuar con la misma rabia que condenamos. La justicia hará su parte. Nosotros debemos concentrarnos en sanar como comunidad."

Las palabras de Thiago, una vez más, calmaron los ánimos. Pero el camino hacia la recuperación de La Gruta seguía siendo incierto.

Epílogo del Capítulo

César, ahora solo y enfrentando las consecuencias de sus actos, se encontraba en un cruce de caminos. Mientras tanto, Thiago, aunque herido, continuaba demostrando la fortaleza y el liderazgo que habían comenzado a transformar La Gruta.

La batalla por la redención de César y la restauración de la paz en la comunidad apenas comenzaba.

Capítulo 25: Thiago Inicia una Investigación

Thiago, decidido a que la justicia prevaleciera, comenzó a reunir todas las pruebas que había acumulado a lo largo de los años. Sabía que esta no era solo su lucha, sino la de toda una comunidad que merecía vivir en paz y armonía. Con la grabación de la última reunión, las confesiones implícitas y explícitas de varios vecinos, y la lista interminable de incidentes que habían sido minimizados o ignorados, Thiago decidió que era hora de actuar con toda la contundencia que permitiera la ley.

El Equipo de Investigación

Thiago no estaba solo. Contaba con la ayuda de su viejo amigo Guillermo Moreau, un detective privado conocido por su perspicacia y su habilidad para encontrar la verdad, y de Valentín Estrada, un criminólogo y profesor universitario que no solo era un experto en análisis de comportamiento, sino también un defensor apasionado de la justicia social.

Guillermo: (revisando los documentos) "Thiago, tienes aquí un caso sólido. Esto no es solo un problema vecinal; aquí hay patrones claros de abuso, conspiración, y, en algunos casos, delitos graves. Si trabajamos bien, podemos conseguir que todos estos actos salgan a la luz."

Valentín: (asintiendo) "Exacto. Algunos crímenes pueden estar prescritos, pero otros no. Y con la cantidad de pruebas que tienes, podemos demostrar una cadena de hechos concatenados que los hace mucho más graves."

El Escrito al Juez

Thiago redactó un escrito contundente dirigido al juez Félix De Clercq y al fiscal Antoine Vanderhaegen, exponiendo todos los eventos que habían ocurrido en La Gruta. El documento no era solo un listado de pruebas, sino un relato bien estructurado que mostraba cómo, durante años, ciertas personas habían manipulado, amenazado y conspirado en su contra, afectando no solo su vida, sino la estabilidad de toda la comunidad.

Thiago: (escribiendo) "Señoría, no busco venganza. Busco justicia. Los hechos aquí narrados no son solo agresiones contra mi persona, sino un ataque a los valores fundamentales de convivencia y respeto que deberían regir en cualquier sociedad."

Junto con las grabaciones, transcripciones, fotografías, y los testimonios de testigos que habían decidido dar un paso adelante, Thiago presentó el caso al tribunal.

El Revuelo Judicial

El juez De Clercq, impresionado por la organización y contundencia del escrito, ordenó la apertura de una investigación oficial. El fiscal Vanderhaegen, conocido por su firmeza en casos de corrupción y abuso, solicitó la imputación de Yanay, Popeye, Brutus, y el propietario del 109, cada uno en diferentes grados de responsabilidad.

Fiscal Vanderhaegen: "No solo estamos hablando de un caso aislado de agresión o chantaje. Estamos viendo un patrón sistemático de comportamiento criminal dentro de esta comunidad. Es hora de poner fin a esta situación y llevar a los responsables ante la justicia."

La noticia de la investigación no tardó en llegar a los medios de comunicación. Periodistas de toda Bruselas comenzaron a cubrir el caso, convirtiendo a La Gruta en el epicentro de un escándalo que fascinaba y horrorizaba a partes iguales.

La Comunidad en el Ojo Público

El barrio de Woluwe-Saint-Pierre, conocido por su tranquilidad y sus elegantes residencias, se llenó de

162

equipos de prensa y curiosos. Mientras algunos vecinos evitaban a los periodistas, otros no dudaron en dar su opinión.

Vecino 1: (mirando por la ventana) "Esto es una vergüenza. Llevamos años viendo cosas raras en esta comunidad, pero nadie se atrevía a hablar."

Vecino 2: (hablando con un periodista) "Thiago ha demostrado una valentía increíble. Lo que ha soportado es inhumano. Merece que todos lo apoyemos."

No faltaron quienes trataron de desviar la atención o minimizar los hechos.

Yanay: (en una breve declaración) "Todo esto es una exageración. Las cosas no son como las pintan. Alguien quiere convertirnos en los malos de la película."

Sin embargo, la contundencia de las pruebas dejó a muchos sin palabras.

La Reacción de Thiago

Aunque Thiago era aclamado como un hombre justo y valiente, no se dejó llevar por los elogios. En una entrevista con un medio local, declaró:

Thiago: "Esto no se trata de mí. Se trata de la comunidad. Se trata de vivir sin miedo, de tener la seguridad de que el lugar donde habitas no será un campo de batalla. La justicia no debe ser opcional; debe ser efectiva y estar al servicio de todos."

Tensión en La Gruta

En La Gruta, la tensión era palpable. Mientras algunos vecinos sentían alivio porque finalmente se hacía justicia, otros estaban aterrorizados por las posibles consecuencias. Yanay, Popeye y Brutus se reunieron en secreto para discutir su estrategia.

Popeye: (nervioso) "¿Y si confesamos? Tal vez si cooperamos, nos den una pena menor."

Yanay: (molesta) "¡No! Si nos derrumbamos ahora, estaremos admitiendo que todo esto es cierto. No hay pruebas suficientes para condenarnos... ¿o sí?"

Brutus: (pensativo) "Lo mejor es mantener la calma. Pero César ya no está aquí para desviar la atención. Estamos por nuestra cuenta."

El Día del Juicio

La primera audiencia fue un espectáculo mediático. Los acusados llegaron escoltados por sus abogados, mientras los vecinos de La Gruta ocupaban los bancos del tribunal como espectadores. Thiago, acompañado de Guillermo y Valentín, permanecía sereno pero firme en su determinación.

El fiscal Vanderhaegen presentó las pruebas con una claridad demoledora, dejando en evidencia la participación directa e indirecta de cada acusado en los delitos.

Fiscal Vanderhaegen: "Este caso no se trata solo de un ataque a un individuo, sino de un sistema de intimidación y abuso que ha afectado a toda una comunidad. Los responsables deben rendir cuentas."

Epílogo del Capítulo

Al salir del tribunal, Thiago fue recibido con aplausos y palabras de apoyo por parte de muchos vecinos. Sin embargo, sabía que la lucha no había terminado. El proceso judicial estaba en marcha, y aunque las pruebas eran contundentes, la justicia aún debía seguir su curso.

En La Gruta, las conversaciones continuaban. Algunos, como el propietario del 109, comenzaron a mostrar signos de arrepentimiento, mientras otros, como Yanay, seguían aferrados a su negación.

Thiago, por su parte, veía en todo esto una oportunidad: no solo para cerrar un capítulo oscuro en su vida, sino para sentar un precedente de justicia y resiliencia en su comunidad.

Capítulo 26: La Soledad de César

El salón de César estaba envuelto en un silencio pesado, roto solo por el murmullo del televisor, que proyectaba noticias de la escalada bélica en Ucrania. Palabras como "Tercera Guerra Mundial" y "sanciones contra Rusia" resonaban en el aire, pero en su mente solo había una maraña de pensamientos sombríos. Las imágenes del conflicto parecían un reflejo de la devastación interna que sentía.

César tomó un largo trago de ron directamente de la botella, mirando el desastre que había creado en su vida: una familia que lo había abandonado, una comunidad que lo rechazaba y un futuro que parecía cada vez más oscuro.

Con un grito ahogado, arrojó la botella contra el televisor, que estalló en mil pedazos. Se levantó y comenzó a derribar muebles, tirar cuadros y romper cuanto objeto estuviera a su alcance. La furia y la desesperación lo consumían.

De repente, todo quedó en un silencio sepulcral.

El Descubrimiento de Thiago

En el exterior, los vecinos de La Gruta se asomaban a sus ventanas, alarmados por el ruido que salía de la casa de César. Murmuraban entre sí, preguntándose qué había ocurrido.

Thiago, observando desde su ventana, sintió que algo no estaba bien. Sin pensarlo dos veces, salió de su casa y cruzó el patio hacia la entrada de César. Golpeó la puerta con fuerza, pero no obtuvo respuesta. Su instinto le gritaba que debía actuar.

Empujó con fuerza la puerta hasta que cedió, y lo que vio lo dejó sin aliento: César yacía inconsciente en el suelo, rodeado de un charco de sangre. A su lado estaban los restos de la botella rota y un frasco vacío de somníferos, con algunas pastillas esparcidas alrededor.

Sin perder tiempo, Thiago corrió hacia él y descubrió un profundo corte en su brazo. Con rápidos reflejos, usó un trozo de tela para improvisar un torniquete y detener la hemorragia.

Mientras trabajaba, llamó a emergencias, describiendo la situación con voz firme pero acelerada.

La Intervención Médica

La ambulancia llegó rápidamente, llevando a César al Hospital Universitario Saint-Luc. Los médicos, tras un lavado gástrico y un tratamiento intensivo para estabilizarlo, confirmaron que César estaba fuera de peligro, aunque su estado era crítico.

El personal médico comentó que, de no haber sido por la rápida intervención de Thiago, César probablemente no habría sobrevivido.

La Reacción de La Gruta

La noticia se extendió como pólvora por toda La Gruta. Los vecinos comentaban en voz baja, sorprendidos tanto por el intento de César de quitarse la vida como por el hecho de que había sido Thiago quien lo había salvado.

"Es un hombre justo, incluso después de todo lo que César le ha hecho", comentó Yanay, aún impactada.

Thiago Informa a la Familia de César

Mientras César estaba en el hospital, Thiago decidió contactar con su familia. Primero llamó a Pablo, el hijo mayor de César, quien atendió la llamada con voz tensa.

Thiago: Pablo, sé que esto no será fácil de escuchar, pero tu padre intentó quitarse la vida anoche. Ahora está en el Hospital Universitario Saint-Luc.

Pablo: (en shock) ¿Qué? ¿Está... está bien?

Thiago: Está estable, pero necesita a su familia. Esto podría ser un punto de inflexión para todos ustedes.

Tras colgar, Thiago contactó también a Ana, la hija menor, quien rompió a llorar al enterarse. A pesar de sus diferencias con su padre, sentía un profundo pesar por la situación.

César, tras despertar en el hospital, se encontró con la mirada de su esposa e hijos. Aunque aún estaba débil, una mezcla de vergüenza y gratitud llenó sus ojos.

César: (con voz quebrada) "Lo siento... Lo siento tanto."

Florinda no respondió de inmediato, pero tomó su mano con firmeza.

Florinda: "Tienes una segunda oportunidad, César. Pero lo que hagas con ella depende de ti."

Mientras tanto, en La Gruta, el ambiente seguía lleno de especulaciones y rumores. Sin embargo, la acción heroica de Thiago era un recordatorio de que, incluso en las relaciones más complejas, la humanidad y el perdón podían prevalecer.

César había tocado fondo, pero tal vez, solo tal vez, desde ahí podría comenzar a reconstruirse.

Capítulo 27: Una Segunda Oportunidad

El cuarto de hospital de César era pequeño, con paredes blancas y una ventana que dejaba entrar la luz tenue de un día nublado en Bruselas. Su rostro, marcado por el cansancio y las cicatrices emocionales, se iluminó brevemente al ver a Florinda entrar al cuarto. Vestía con sencillez, pero su mirada transmitía una mezcla de preocupación y determinación.

César, aún con una venda gruesa en su brazo, intentó incorporarse, pero el dolor y el peso de la vergüenza lo detuvieron.

César: Florinda... No sabes cuánto lamento todo lo que he hecho. Lo siento de verdad.

Florinda se acercó con pasos firmes, colocó su bolso en una silla y lo miró directamente a los ojos.

Florinda: César, no estoy aquí para escucharte lamentarte. Estoy aquí porque, a pesar de todo, tú eres el padre de mis hijos. Lo que hiciste casi nos destroza a todos. Pero, contra todo pronóstico, has tenido una segunda oportunidad.

César bajó la mirada, incapaz de sostener la intensidad de su mirada.

César: ¿Una segunda oportunidad? ¿Crees que puedo arreglar algo de esto? Florinda, lo he perdido todo... tú, Pablo, Ana... la comunidad entera me desprecia.

Florinda se sentó frente a él, cruzó las piernas y respiró hondo.

Florinda: La oportunidad que tienes, César, no es para recuperar todo de inmediato. Es para vivir, para intentar ser una persona mejor. No te engañes pensando que voy a volver contigo ahora mismo. Eso tendrás que ganártelo con tiempo, con acciones, no con palabras.

César alzó la vista, esperanzado.

César: ¿Entonces hay una posibilidad? ¿Podemos volver a ser una familia?

Florinda hizo una pausa, como si eligiera cuidadosamente sus palabras.

Florinda: César, hemos compartido años juntos y tenemos dos hijos en común. No te digo que no, pero es pronto. Yo también necesito pensar. Pero te lo advierto: lo que hagas con esta segunda oportunidad determinará si vale la pena que te dé otra a ti.

El silencio en la habitación era tan denso que solo se escuchaba el zumbido del monitor cardíaco. Finalmente, César rompió a llorar, un llanto silencioso y contenido que parecía arrastrar años de remordimientos y frustraciones. Florinda lo dejó llorar, permitiéndole liberar lo que había estado acumulando.

La Historia en los Medios

Mientras tanto, la noticia del incidente en la casa de César y de cómo Thiago, su antiguo adversario, lo había salvado, llegó rápidamente a los medios locales. Los titulares capturaron la atención de todos:

- "El acosado salva a su agresor: Un acto de humanidad en La Gruta"

- "Thiago, el vecino acosado, se convierte en el héroe inesperado de Bruselas"

Periodistas locales comenzaron a congregarse en el vecindario. Algunos intentaban obtener declaraciones de los vecinos, mientras otros buscaban a Thiago para entrevistarlo.

171

En una esquina del barrio, Yanay hablaba con una periodista mientras otros vecinos se reunían alrededor.

Yanay: Thiago es un hombre increíble. Después de todo lo que César le hizo, todavía tuvo la humanidad de salvarlo. Eso habla mucho de quién es él.

Vecino 1: Sí, pero también es un recordatorio de lo mal que estaban las cosas aquí. Todo este drama debería haberse resuelto hace años.

Vecino 2: ¿Y qué dice César? ¿Está agradecido?

Thiago Habla con la Prensa

Thiago, inicialmente reacio, finalmente aceptó hablar con un periodista del periódico local. Sentado frente a su casa, con África a su lado, respondió con calma a las preguntas.

Periodista: Thiago, la comunidad lo ve como un héroe. ¿Qué lo motivó a salvar a César después de todo lo que ocurrió entre ustedes?

Thiago: (mirando a África antes de responder) No me considero un héroe. Simplemente hice lo que pensé que era correcto. César y yo hemos tenido muchas diferencias, pero al final del día, es un ser humano. No podía quedarme de brazos cruzados sabiendo que podía ayudarlo.

Periodista: ¿Cree que esto marcará un cambio en la comunidad?

Thiago: Espero que sí. La Gruta ha pasado por mucho, y este es un recordatorio de que incluso en los momentos más oscuros, podemos elegir actuar con humanidad.

La Reflexión de César

De regreso en el hospital, César encendió su móvil, ignorando los cientos de mensajes sin leer. Lo que le interesaba era la grabación de la entrevista de Thiago. Al escucharla, sintió una mezcla de gratitud y vergüenza.

Ana entró en la habitación justo cuando la grabación terminaba.

Ana: (cruzando los brazos) Papá, ¿realmente entiendes lo que Thiago hizo por ti? No sé si yo habría sido capaz de hacer lo mismo.

César asintió lentamente.

César: Lo sé, hija. Y créeme, voy a hacer lo que sea necesario para enmendar mis errores.

Ana lo miró con escepticismo.

Ana: Espero que lo hagas. Porque, sinceramente, no estoy segura de cuántas oportunidades más te quedan.

César sintió que el peso de sus acciones recaía sobre él nuevamente, pero esta vez había algo más: una chispa de esperanza.

Capítulo 28: Citación a César como Imputado

Una fría mañana de enero, César recibió un sobre oficial que esperaba desde hacía semanas, aunque temía lo que contenía. El cartero, acostumbrado a las reacciones tensas de los destinatarios de estas misivas, simplemente le entregó el sobre con un "Buenos días" cortante y siguió su camino.

César cerró la puerta con manos temblorosas, se sentó en el sofá de su destartalado salón y abrió el sobre. Era una citación judicial del Juzgado Penal de Bruselas firmada por el juez Philippe Vandermal. Estaba convocado como imputado en una audiencia que determinaría la gravedad de los cargos en su contra.

La lista de delitos enumerados en el documento era abrumadora: acoso, amenazas, coacción, daños materiales y lesiones, entre otros. Cada palabra parecía pesar como una tonelada, y el aire en la habitación se volvió denso.

La Reacción de César

César leyó el documento una y otra vez, como si hacerlo pudiera cambiar su contenido. Finalmente, soltó el papel y dejó caer su cabeza entre sus manos.

César (murmurando): Esto no puede estar pasando... ¿Cómo llegué hasta aquí?

El sonido de pasos ligeros lo hizo alzar la vista. Ana, su hija, apareció en el umbral de la sala. Había ido a visitarlo tras insistentes llamadas de Florinda.

Ana: (cruzando los brazos) ¿Qué pasa ahora, papá? ¿Otra factura impagable?

César le tendió el documento sin decir una palabra. Ana lo tomó, leyó rápidamente, y luego lo dejó caer sobre la mesa.

Ana: (frunciendo el ceño) Bueno, ¿qué esperabas? Has hecho demasiadas cosas mal. Esto iba a llegar tarde o temprano.

César: (desesperado) ¡Pero no soy un criminal! Sí, cometí errores, pero no soy el monstruo que todos creen.

Ana: (con una mezcla de tristeza y enojo) ¿De verdad lo crees, papá? ¿Después de lo que le hiciste a Thiago y a esta comunidad?

El silencio que siguió fue abrumador. Ana se giró hacia la puerta.

Ana: Tengo que irme. Florinda quiere que nos reunamos para hablar de esto. No sé si estás listo para escuchar lo que ella tiene que decirte, pero al menos piénsalo.

César la vio salir sin poder decir nada. Se sentía atrapado en una espiral descendente que él mismo había creado.

Thiago en Preparación para el Juicio

Mientras César se debatía en su propia tormenta emocional, Thiago se preparaba meticulosamente para la audiencia. En su despacho improvisado, junto a su amigo detective Jules Lacroix y el criminólogo Bernard Renard, revisaban cada detalle del caso.

Jules: (extendiendo un dossier) Aquí está la cronología de los eventos más importantes. Esta línea de tiempo muestra claramente cómo César escaló su comportamiento de simple hostilidad a actos de violencia y amenazas.

Thiago: (asintiendo) Perfecto. Esto es justo lo que necesitamos para que el juez vea la gravedad de sus acciones.

Bernard: Además, la grabación del intento de chantaje será clave. No solo refuerza tu posición, sino que también demuestra su intención de manipular y obstruir la justicia.

Thiago miró por la ventana de su casa, donde algunos vecinos observaban con curiosidad la actividad en su hogar.

Thiago: (suspirando) No quiero destruir a César, pero él necesita enfrentar las consecuencias de sus actos. No puedo permitir que esta comunidad siga viviendo bajo su sombra.

Jules: Nadie puede culparte por buscar justicia, Thiago. Esto no es una vendetta; es lo correcto.

El Día de la Audiencia

El día de la audiencia, César llegó al juzgado acompañado por su abogado, un hombre de mediana edad llamado Etienne Dubois, conocido por asumir casos difíciles. César caminaba con la cabeza gacha, consciente de las miradas que recibía tanto de curiosos como de algunos vecinos presentes en la sala.

Thiago, por su parte, estaba acompañado por África y Jules, quienes lo apoyaban desde las primeras filas. La tensión en la sala era palpable.

El juez Vandermal inició la sesión leyendo los cargos y explicando el propósito de la audiencia preliminar.

Juez Vandermal: Señor César... según las pruebas presentadas, sus acciones incluyen acoso prolongado, amenazas directas y un intento de agresión física. ¿Cómo responde a estas acusaciones?

César se levantó lentamente, su voz temblorosa pero firme.

César: (mirando al juez) Señoría, acepto que he cometido errores. No voy a negar que he hecho

177

cosas de las que me arrepiento profundamente. Pero quiero dejar claro que nunca fue mi intención causar daño irreversible a nadie.

El fiscal, Claire Fontaine, tomó la palabra, presentando las pruebas recopiladas. Grabaciones, testimonios y documentos se proyectaron en las pantallas de la sala, pintando un cuadro convincente de las acciones de César.

Cuando se reprodujo la grabación del intento de chantaje a Thiago, la sala quedó en silencio absoluto. Incluso algunos de los vecinos que antes apoyaban a César bajaron la mirada, avergonzados por haberlo defendido en algún momento.

Fiscal Fontaine: (dirigiéndose al juez) Estas pruebas demuestran un patrón claro de conducta del acusado, que no solo puso en peligro a la víctima, sino también al bienestar de toda la comunidad. Solicito que el señor César sea procesado formalmente por todos los cargos.

La Reacción de la Comunidad

Afuera del juzgado, la prensa esperaba con impaciencia las declaraciones de Thiago. Cuando salió junto a África y Jules, los periodistas lo rodearon.

Periodista: Señor Thiago, ¿cómo se siente después de la audiencia?

Thiago: (con calma) Este no es un día de celebración. Es un paso hacia la justicia. Lo único que quiero es que La Gruta sea un lugar seguro y justo para todos.

Mientras tanto, César salió por una puerta lateral, evitando a los medios. Caminó solo hasta un taxi, su mente sumida en un torbellino de pensamientos. Por primera vez en mucho tiempo, empezó a cuestionar no solo sus acciones, sino también las decisiones que lo habían llevado a ese punto.

El Juicio Formal en el Horizonte

La audiencia preliminar terminó con el juez Vandermal aceptando las pruebas presentadas y ordenando la apertura de un juicio formal. El veredicto preliminar fue un golpe para César, pero también marcó el inicio de un proceso que prometía sacar a la luz todos los secretos enterrados de La Gruta.

La comunidad, dividida pero expectante, se preparaba para enfrentar las consecuencias de años de intrigas y conflictos. En medio de todo, Thiago se mantenía firme, decidido a seguir adelante, no por venganza, sino por el bien de todos los que habían sufrido en silencio.

Capítulo 29: Thiago en el Centro de Atención

El eco de la noticia de la citación judicial de César no tardó en recorrer todos los rincones de La Gruta. Las conversaciones entre vecinos se convirtieron en una mezcla de sorpresa, indignación y, en algunos casos, alivio. Las tensiones que ya existían en la comunidad se intensificaron, y los bandos comenzaron a definirse de forma más clara.

Mientras tanto, César, abrumado por el peso de las acusaciones y la presión social, decidió refugiarse en casa de sus padres, José y Manuela, en Overijse, un pequeño y tranquilo pueblo a las afueras de Bruselas. Allí, lejos de la mirada inquisitiva de sus vecinos, intentaba encontrar algo de paz, aunque la sombra de sus actos seguía persiguiéndolo.

La Gruta en Ebullición

En la plaza central, el epicentro habitual de las charlas comunitarias, un grupo de vecinos se reunió de manera espontánea al atardecer. La conversación giraba, como era de esperarse, en torno a César y las implicaciones de los cargos en su contra.

Yanay: (con los brazos cruzados, mirando alrededor) ¿Lo veis? Al final, todo sale a la luz. Durante años nos trató como si fuéramos sus peones, como si él fuera intocable.

Brutus: (con un bufido) ¿Y tú qué dices, Yanay? No te hagas la santita ahora. No te olvides de que tú también estuviste en el ajo cuando todo esto empezó.

Yanay lanzó una mirada furiosa a Brutus.

Yanay: (exasperada) ¡Yo nunca quise llegar tan lejos! Sí, cometí errores, pero nunca tuve la intención de arruinarle la vida a Thiago.

Popeye: (sarcástico, desde un banco cercano) Oh, claro, Yanay. Porque cantar amenazas y dejar notas anónimas en su buzón es un acto de buena vecina.

El comentario de Popeye provocó algunas risas nerviosas entre los vecinos, pero también dejó un silencio incómodo. Muchos de ellos sabían que habían sido cómplices, ya fuera directa o indirectamente, de la atmósfera hostil que había reinado en La Gruta durante años.

En el otro extremo de la comunidad, Thiago estaba terminando de reparar una baranda de su balcón cuando África se acercó con una taza de café.

África: (entregándole la taza) ¿Sabías que Yanay y Popeye están casi a los gritos en la plaza? No pueden evitar echarse la culpa unos a otros.

Thiago suspiró, tomando un sorbo del café.

Thiago: (calmado) Era de esperarse. La gente no quiere aceptar su parte de responsabilidad. Prefieren señalar a otros.

África: (con preocupación) ¿Y tú? ¿Cómo te sientes con todo esto?

Thiago: (mirándola a los ojos) No es fácil. No quiero que me vean como alguien que busca venganza. Lo que hago es por justicia, no por revancha. Pero, al mismo tiempo, ver cómo todos comienzan a enfrentarse... Es como si estuvieran destruyendo lo poco que queda de esta comunidad.

África le acarició el brazo.

África: Has hecho lo correcto. La verdad siempre es incómoda al principio, pero es necesaria.

Conversaciones en la Comunidad

Cerca del parque infantil, dos vecinas, Sofía y Leticia, observaban a sus hijos jugar mientras conversaban en voz baja.

Sofía: (en tono conspirativo) ¿Te enteraste de que César se fue? Dicen que está con sus padres en Overijse.

Leticia: (asintiendo) Sí, lo escuché. Pero ¿y qué? No puede esconderse para siempre. El juicio va a seguir adelante, y no hay forma de que salga bien parado con todas esas pruebas en su contra.

Sofía: (pensativa) No sé... Por un lado, me alegra que Thiago esté logrando justicia. Pero ¿no te da un poco de pena César? Quiero decir, ha perdido todo: su familia, su reputación...

Leticia: (con firmeza) ¿Pena? ¿Después de lo que le hizo a Thiago? Lo siento, pero no. César sabía lo que hacía. Si ahora está pagando las consecuencias, es porque él mismo se lo buscó.

César en Overijse

En casa de sus padres, César se encontraba en la pequeña sala de estar, rodeado de los recuerdos de su infancia. José, su padre, estaba sentado en una butaca leyendo el periódico, mientras Manuela, su madre, tejía en silencio.

José: (sin levantar la vista del periódico) ¿Y ahora qué piensas hacer, hijo?

César: (cabizbajo) No lo sé, papá. Todo se ha ido al carajo.

Manuela: (dejando de tejer) César, siempre fuiste tan terco. Nosotros te advertimos que esa forma de actuar iba a traerte problemas. Pero nunca escuchaste.

César: (al borde del llanto) ¿Qué queréis que diga? ¿Que lo siento? ¿Que estoy arrepentido? ¡Ya lo estoy! Pero eso no cambia nada.

José dejó el periódico a un lado y miró a su hijo con seriedad.

José: Lo único que puedes hacer ahora es enfrentar las consecuencias de tus actos. Si huyes de esto, nunca recuperarás el respeto ni de tu familia ni de nadie.

César asintió lentamente, aunque sabía que seguir el consejo de su padre sería más fácil de decir que de hacer.

La Prensa y el Barrio

Mientras tanto, los periodistas locales seguían acudiendo a La Gruta, buscando declaraciones de los vecinos y de Thiago. Aunque muchos preferían no hablar, algunos, como Don Roberto, aprovecharon la oportunidad para dar su opinión.

Don Roberto: (frente a las cámaras) Thiago es un hombre justo. Lo que ha hecho es lo que cualquiera con principios debería hacer. César nos ha tenido bajo su yugo durante años. Ya era hora de que alguien le pusiera un alto.

Por otro lado, algunos vecinos intentaron defender a César, aunque su número disminuía cada día.

Yanay: (hablando con un reportero) Mira, yo no voy a justificar lo que hizo César, pero tampoco podemos olvidar que todos aquí tenemos nuestras culpas. Esto no es solo culpa de una persona.

El barrio residencial de La Gruta, generalmente tranquilo, se había convertido en el centro de atención mediática. Los residentes comenzaron a sentirse incómodos con la constante presencia de cámaras y periodistas, pero sabían que era inevitable hasta que el juicio de César llegara a su conclusión.

Un Futuro Incierto

Las consecuencias de la citación de César se extendían como ondas en el agua, afectando a todos en La Gruta. La comunidad estaba en una encrucijada, enfrentando la oportunidad de reconstruirse sobre nuevas bases de honestidad y respeto, o continuar dividiéndose por los conflictos del pasado.

Thiago, aunque cansado, no perdía la esperanza de que su lucha no solo trajera justicia, sino también una posibilidad de redención para La Gruta y sus habitantes. Mientras tanto, César, aislado en Overijse, comenzaba a darse cuenta de que la única forma de avanzar era enfrentarse a sus errores y aceptar su responsabilidad.

El juicio que se aproximaba no solo determinaría el destino de César, sino también el futuro de toda la comunidad.

Capítulo 30: La Sorpresa Judicial

Era una mañana gris en Bruselas, de esas en las que la humedad se colaba por cada rincón de La Gruta. La tranquilidad aparente del barrio se rompió con la llegada de un agente judicial en un coche oficial. Vestido con un abrigo largo y portando una cartera de cuero en una mano, el hombre salió del vehículo con paso decidido, dirigiéndose a las viviendas señaladas en su lista.

Primero se detuvo en la casa de Popeye.

Agente Judicial: (golpeando la puerta con firmeza) Señor Popeye, soy un agente judicial. Abra la puerta, por favor.

Popeye, que estaba viendo televisión, se levantó con una expresión de disgusto.

Popeye: (abriendo la puerta) ¿Qué quiere ahora?

Agente Judicial: (serio) Traigo una citación del Juzgado de Primera Instancia de Bruselas. Necesito que firme aquí.

Popeye tomó el documento, lo leyó por encima y su rostro se tensó.

Popeye: (farfullando) ¿Testigo? ¿Testigo de qué?

Agente Judicial: Eso lo decidirá el juez. Su firma aquí, por favor.

Sin más opción, Popeye firmó y cerró la puerta de golpe. Apenas el agente se marchó, Popeye murmuró para sí mismo.

Popeye: (molesto) Esto tiene que ser obra de Thiago.

El agente judicial continuó su recorrido, deteniéndose en la casa de Yanay, quien abrió la puerta con una mezcla de curiosidad y preocupación.

Yanay: (mirando al agente) ¿Sí?

Agente Judicial: Citación judicial, señora.

Yanay tomó el documento y, al leer el encabezado, su expresión pasó del desconcierto al miedo.

Yanay: (al borde del pánico) ¿Qué es esto? ¿Qué significa?

Agente Judicial: Es una citación como testigo. Preséntese el 15 de diciembre a las 10:00 a. m. en el juzgado indicado.

Yanay firmó, temblorosa, y cerró la puerta rápidamente. De inmediato llamó por teléfono a Brutus, quien era el siguiente en la lista del agente.

El Revuelo en La Gruta

Para cuando el agente llegó a la casa de Arturo, el vecino del 109, el rumor ya se había extendido por La Gruta. Algunos vecinos habían salido al patio central, murmurando entre ellos sobre las visitas del funcionario.

Don Roberto: (mirando hacia las casas) ¿Qué estará pasando ahora? Parece que alguien más está en problemas.

Sofía: (susurrando a Leticia) ¿Crees que tenga que ver con lo de César?

Leticia: (con firmeza) Seguro que sí. Esto no se queda en César. Esto va a arrastrar a más de uno.

Mientras tanto, dentro de la casa de Yanay, la tensión era palpable. Ella, Brutus y Popeye se reunieron de inmediato para discutir las citaciones, acompañados por Arturo, quien había recibido la suya minutos antes.

Yanay: (con voz alta y desesperada) ¡Esto es un desastre! Si nos llaman como testigos, lo siguiente será señalarnos como culpables.

Brutus: (golpeando la mesa) ¡Cálmate! Si empezamos a actuar como si fuéramos culpables, lo seremos.

Popeye: (con sarcasmo) ¿Y qué propones, Brutus? ¿Que vayamos al juzgado y digamos que no sabemos nada? Ya tienen pruebas, eso está claro.

Arturo: (nervioso) Esto es culpa de César. Si no hubiera hecho tantas estupideces, no estaríamos metidos en este lío.

Yanay: (mirando a Arturo) ¿Y tú qué? ¿Ya olvidaste lo que hiciste? ¡Tiraste basura y caldo en la puerta de Thiago! ¡No vengas ahora a echarle la culpa solo a César!

Arturo: (defensivo) ¡Eso fue hace años! Y tú tampoco estás limpia, Yanay. Recuerda que fuiste tú quien dejó esas notas amenazantes.

La Conversación Escala

El patio central comenzó a llenarse de vecinos que escuchaban los gritos provenientes de la casa de Yanay. Entre ellos estaba Thiago, quien observaba con atención desde su balcón. África salió a su lado, cruzándose de brazos.

África: (mirando hacia la casa) Parece que alguien está entrando en pánico.

Thiago: (calmado) Era cuestión de tiempo. Todo lo que han hecho está volviendo para perseguirlos.

Dentro de la casa, la discusión se volvió más intensa.

Popeye: (levantando la voz) ¡Basta! ¡Todos hicimos cosas que no debíamos! Lo importante ahora es cómo enfrentamos esto.

Brutus: (cruzándose de brazos) Yo no pienso ir al juzgado a echarme la soga al cuello.

Yanay: (con sarcasmo) ¿Y qué vas a hacer, Brutus? ¿Esconderte? Eso solo te hará ver más culpable.

Arturo: (mirando a Popeye) ¿Y tú qué dices? Siempre te las das de listo.

Popeye: (serio) Lo único que digo es que debemos ser inteligentes. Si Thiago tiene más pruebas, es mejor que sepamos qué tiene antes de que sea demasiado tarde.

Yanay: (exasperada) ¿Y cómo hacemos eso? ¿Le pedimos amablemente que nos muestre sus cartas?

Brutus: (con sarcasmo) Sí, seguro que Thiago va a estar dispuesto a ayudarnos después de todo lo que le hicimos.

El silencio se hizo en la habitación mientras cada uno reflexionaba sobre sus opciones. Afuera, los vecinos seguían cuchicheando, y la tensión en La Gruta no hacía más que aumentar.

Thiago Observa

Desde su posición en el balcón, Thiago vio cómo Arturo salía de la casa de Yanay, visiblemente alterado. Luego, Brutus salió poco después, golpeando la puerta al marcharse.

África: (mirando a Thiago) ¿Qué crees que pase ahora?

Thiago: (con serenidad) Lo que tenga que pasar. Ya no está en nuestras manos. La justicia está haciendo su trabajo.

África asintió, sabiendo que, aunque la verdad estaba saliendo a la luz, el camino aún era largo.

Un Futuro Incierto

La llegada de las citaciones judiciales marcaba un punto de inflexión en La Gruta. Para algunos, era el inicio de un ajuste de cuentas necesario; para otros, un recordatorio de que los actos del pasado siempre tienen consecuencias.

Mientras César se escondía en Overijse, los vecinos de La Gruta se enfrentaban a un clima de incertidumbre y tensión creciente. La comunidad, alguna vez un lugar de secretos y complicidades, se veía obligada a confrontar las verdades que habían intentado enterrar durante años.

Y, aunque todos esperaban que la justicia siguiera su curso, sabían que los días por venir serían decisivos, no solo para los implicados, sino para el futuro de La Gruta como comunidad.

Capítulo 31: La Estrategia Ineficaz

La tensión en La Gruta seguía en aumento, pero la acción se trasladaba al centro de Bruselas. En un pequeño café llamado Le Pain Quotidien, famoso por su atmósfera tranquila y su ubicación en el corazón del barrio de Uccle, los citados a declarar, Yanay, Brutus, Popeye, y Arturo, habían acordado reunirse para delinear una estrategia. El objetivo era claro: salvarse de las acusaciones y, si era posible, desviar la responsabilidad hacia César.

La Reunión en el Café

El grupo llegó al lugar de forma escalonada. Yanay fue la primera en llegar, seguida por Brutus y Popeye, quienes se sentaron sin intercambiar muchas palabras. Arturo llegó al final, con un aire de nerviosismo evidente.

Yanay: (mirando a los demás) Esto se está yendo de las manos. No podemos quedarnos de brazos cruzados. Tenemos que hacer algo.

Brutus: (con voz grave) Sí, pero ¿qué? Las pruebas están ahí, y César seguro que ya está hablando de más. Ese tipo nunca supo guardar un secreto.

Popeye: (en tono sarcástico) ¿Hablar? ¿Tú crees que solo está hablando? Seguro que ya está entregando papeles y grabaciones.

Arturo: (nervioso) ¿Y qué hacemos? Si nos inculpa, estamos acabados.

Yanay sacó una hoja de papel doblada de su bolso y la colocó sobre la mesa.

Yanay: (con firmeza) Aquí está lo que propongo. Chantajeemos a Thiago. Le ofrecemos algo a cambio de que declare que todo fue idea de César.

Popeye: (levantando una ceja) ¿Y qué le vamos a ofrecer? Ese hombre no se vende.

Yanay: (con una sonrisa astuta) Todo el mundo tiene un precio. Un viaje pagado, algo de dinero... no sé, pero tiene que aceptar.

Brutus cruzó los brazos, frunciendo el ceño.

Brutus: (categórico) Esto suena a un tiro que puede salirnos por la culata. Si Thiago sospecha algo, estamos más hundidos de lo que ya estamos.

Arturo: (titubeante) Pero, si no hacemos algo, vamos a terminar en el banquillo todos.

La Llamada a César

Finalmente, después de varias discusiones, decidieron incluir a César en su estrategia. Lo llamaron desde el café y, tras mucho insistir, consiguieron que aceptara reunirse con ellos allí mismo.

César llegó poco después, con un aire cansado y una expresión de desconfianza. Se sentó en la mesa sin pedir nada y los miró con una mezcla de curiosidad e irritación.

César: (directo) Bien, aquí estoy. ¿Qué quieren?

Yanay: (con tono conciliador) César, estamos en el mismo barco. Necesitamos una estrategia común para que esto no nos hunda a todos.

César: (arqueando una ceja) ¿En el mismo barco? Me parece que ese barco se hundió hace tiempo, y ustedes están tratando de subirse al mío.

Brutus: (molesto) No necesitamos tus sarcasmos. Estamos aquí para encontrar una solución.

César se reclinó en la silla, cruzando los brazos.

César: (con frialdad) ¿Solución? Las pruebas son claras y os incriminan a todos, igual que a mí. Pero hay algo que parece que no saben: Thiago ya tiene grabaciones y pruebas contra ustedes. Y no solo eso, he oído que él también ha hablado con el fiscal.

Los presentes intercambiaron miradas nerviosas.

Popeye: (con incredulidad) ¿Estás diciendo que Thiago nos incriminó?

César: (contundente) No solo Thiago. Yo también he hablado, y créanme, los jueces ya tienen suficiente material para imputarlos.

La Negociación Fracasada

Yanay intentó recuperar el control de la conversación.

Yanay: (con tono persuasivo) Mira, César, todos estamos en problemas. Pero podemos salvarnos si colaboramos. Hablemos con Thiago, ofrezcámosle algo a cambio de que la culpa recaiga solo en ti.

César rió, una carcajada amarga que resonó en el café.

César: (con desdén) ¿Creen que Thiago es tan ingenuo como para aceptar un soborno? Además, el procedimiento ya es público. Esto ya no depende de Thiago ni de mí, depende del juez y de la fiscalía.

Arturo: (desesperado) ¡Algo tenemos que hacer! No podemos ir a juicio así.

César: (mirando a Arturo) Lo único que pueden hacer es decir la verdad y asumir las consecuencias. Quizás si piden perdón delante del juez, les sirva de algo. Pero ni siquiera eso les garantizará mucho. Su arrepentimiento llega tarde.

Brutus: (con sarcasmo) Claro, y tú, ¿eres el santo ahora? ¿Nos vienes a dar lecciones?

César: (con dureza) No, no soy un santo. Pero al menos soy realista. Ustedes sabían lo que hacían y nunca se detuvieron. Si hubieran ido al juzgado a confesar por su cuenta antes de que los citaran, la situación sería distinta. Ahora están atrapados.

195

El Punto de Quiebre

La tensión en la mesa era palpable. Yanay se levantó abruptamente, su rostro lleno de frustración.

Yanay: (gritando) ¡No pienso hundirme sola en esto! Si tengo que arrastrar a alguien más, lo haré.

César: (con frialdad) Haz lo que quieras, Yanay. Pero yo no pienso cargar con toda la culpa para salvarlos.

Popeye se levantó también, tratando de calmar las cosas.

Popeye: (mirando a César) ¿Qué sugieres que hagamos?

César: (mirando a todos) Hablen con sus abogados y prepárense para lo que viene. Y un consejo: dejen de tratar de engañar a Thiago. Él no necesita más pruebas para demostrar lo que hicieron.

Sin decir más, César se levantó y salió del café, dejando al grupo en un silencio cargado de desesperación.

El Revuelo en La Gruta

Horas después, la conversación en el café se filtró en La Gruta. Algunos vecinos empezaron a hablar sobre el nerviosismo de Yanay y los demás.

Doña Elisa: (murmurando a Sofía) Dicen que están tratando de culparse unos a otros.

Sofía: (con asombro) ¡Qué desastre! Esto va a terminar muy mal.

Mientras tanto, César, de vuelta en casa, se sentó en su sofá, consciente de que las cosas estaban fuera de control. Sabía que los días siguientes serían decisivos, no solo para él, sino para todos los implicados.

Capítulo 32: Yanay Acude a Declarar como testigo

El día de la declaración de Yanay llegó con una atmósfera cargada de tensión. Desde las primeras horas de la mañana, los juzgados de Bruselas, situados en el barrio de Ixelles, se convirtieron en un hervidero de actividad. La prensa, que había estado siguiendo el caso con creciente interés, se había apostado frente al edificio, lista para captar cualquier detalle del juicio que continuaba sacudiendo a La Gruta.

Yanay llegó acompañada por su abogada, Marie-Claire Vervier, una profesional conocida por su dureza en los tribunales y su reputación de conseguir acuerdos favorables para sus clientes. A pesar de estar protegida por unas gafas oscuras y un abrigo largo que intentaba ocultar su identidad, la presión de los flashes y los murmullos de los reporteros era evidente en su expresión.

La Llegada a los Juzgados

197

Periodista 1: (gritando mientras intentaba acercarse) ¡Yanay! ¿Es cierto que usted depositó la nota amenazante en el buzón de Thiago?

Periodista 2: (siguiendo de cerca) ¿Qué puede decir sobre las acusaciones en su contra?

Yanay: (sin detenerse, mirando al frente) Sin comentarios.

Su abogada intentó protegerla, pidiendo a los reporteros que se apartaran.

Marie-Claire: (con firmeza) Por favor, respeten el derecho de mi cliente a un proceso justo. No haremos declaraciones en este momento.

Cuando finalmente cruzaron las puertas de los juzgados, Yanay respiró hondo, tratando de calmar los nervios que se arremolinaban en su pecho. Las paredes del edificio, frías y solemnes, parecían cerrarse sobre ella mientras se dirigía a la sala de audiencias.

El Interrogatorio

Sentada frente al juez, Bernard Dufrène, y el fiscal, Jacques Leclerc, Yanay trató de mantener la compostura mientras respondía a las preguntas.

Juez Dufrène: Señora Yanay, según las declaraciones de César, usted fue la responsable de depositar una nota en el buzón de Thiago que contenía amenazas explícitas. ¿Es esto cierto?

Yanay miró a su abogada antes de responder,
tratando de medir sus palabras.

Yanay: (con voz tensa) No es cierto, señoría.

Fiscal Leclerc: (alzando una ceja) Entonces, ¿niega
haber escrito y depositado la nota?

Yanay: Sí, lo niego.

El fiscal sacó una copia de la nota y la colocó frente
a Yanay.

Fiscal Leclerc: Según las pruebas presentadas, esta
nota fue encontrada en el buzón de Thiago. El
análisis de caligrafía preliminar sugiere similitudes
con su escritura. Además, César afirma haberla
visto redactarla. ¿Qué responde a eso?

Yanay sintió cómo la sala parecía quedarse sin aire.
Su abogada intervino rápidamente.

Marie-Claire: Señoría, mi cliente niega
categóricamente estas acusaciones. Solicitamos
que se presenten pruebas concluyentes antes de
continuar.

Juez Dufrène: (mirando a Yanay) Señora Yanay, le
recuerdo que está bajo juramento. Le insto a
responder con la verdad.

Tras un silencio tenso, Yanay cedió parcialmente.

Yanay: (con un hilo de voz) Sí, escribí la nota. Pero
nunca tuve intención de hacerle daño. Fue... un
momento de frustración.

El murmullo en la sala era palpable. La admisión de Yanay complicaba aún más su situación.

Fiscal Leclerc: Entonces, admite que escribió una nota que contenía amenazas y que la depositó en el buzón de Thiago. ¿Es correcto?

Yanay: (bajando la mirada) Sí, lo admito.

La Imputación

Al terminar la sesión, el juez ordenó su imputación formal por coacciones y amenazas, quedando bajo investigación judicial. Aunque su abogada logró evitar medidas cautelares severas, Yanay fue informada de que enfrentaba un posible juicio.

El Regreso a La Gruta

Cuando Yanay regresó a La Gruta esa tarde, la noticia de su imputación ya se había extendido. Los vecinos murmuraban mientras la veían entrar en su vivienda, con el rostro pálido y los ojos enrojecidos. Cerró la puerta tras de sí y, sin quitarse el abrigo, se dejó caer en el sofá.

La tensión acumulada durante semanas finalmente explotó en una crisis ansiolítica. Comenzó a hiperventilar, y un ataque de pánico la dejó incapaz de moverse. A duras penas alcanzó su teléfono y llamó a su amiga Carla, quien llegó rápidamente para asistirla.

200

Carla: (sujetándola por los hombros) ¡Yanay! Respira, tranquila, estoy aquí.

Yanay: (entre lágrimas) Todo se está derrumbando, Carla. No puedo más.

Carla: (calmándola) Escucha, necesitas tomarte esto con calma. Lo hecho, hecho está, pero todavía puedes intentar enmendar las cosas.

El Revuelo en La Gruta

Mientras tanto, en los patios y pasillos de La Gruta, los vecinos discutían animadamente sobre lo sucedido.

Doña Elisa: (a su vecina Sofía) ¿Te enteraste? Yanay admitió lo de la nota.

Sofía: (con incredulidad) ¡Lo sabía! Siempre creí que estaba involucrada en algo turbio.

Don Ernesto: (uniéndose a la conversación) Esto no va a terminar aquí. Ahora todos están bajo la lupa.

La noticia también llegó a Thiago, quien permanecía atento al desarrollo del caso. Aunque no sentía satisfacción por la situación de Yanay, sabía que su admisión era un paso importante para que la justicia prevaleciera.

Una Comunidad en Vilo

La declaración de Yanay y su imputación añadieron una nueva capa de tensión en La Gruta. Con el juicio aún en curso y más declaraciones pendientes, la comunidad entera se encontraba al borde de un estallido. Sin embargo, en medio del caos, surgía la pregunta inevitable: ¿Qué otros secretos saldrían a la luz antes de que este caso llegara a su fin?

Capítulo 33: Arturo Frente al Juez

Una semana después de la declaración de Yanay, Arturo se presentó ante el juez Bernard Dufrène en los juzgados de Bruselas. Sin abogado que lo acompañara, entró con el rostro sombrío y las manos temblorosas, consciente de que su destino, aunque quizás menos severo que el de otros, dependía de su honestidad.

En la sala, el ambiente era solemne. El fiscal Jacques Leclerc, presente para escuchar la declaración, repasaba las acusaciones: Arturo estaba señalado por César como responsable de actos vandálicos contra Thiago, específicamente arrojar caldo y basura frente a su puerta.

La Declaración de Arturo

Juez Dufrène: (mirando a Arturo) Señor Arturo, está aquí citado como testigo. Sin embargo, las declaraciones previas indican que usted pudo haber estado involucrado en actos que podrían considerarse vandálicos. ¿Tiene algo que decir al respecto?

Arturo tragó saliva antes de hablar.

Arturo: Señoría, sí, fui yo quien tiró el caldo y la basura frente a la puerta de Thiago. Reconozco los hechos, pero... no lo hice por odio personal.

El juez alzó una ceja, intrigado.

Juez Dufrène: ¿Qué lo llevó a cometer esos actos?

Arturo: (con voz temblorosa) Fui manipulado. César, Yanay y otros... me convencieron de que Thiago era una amenaza para la comunidad, un hombre peligroso. Me hicieron creer que yo estaba defendiendo nuestro vecindario, pero ahora sé que todo era una mentira.

La Revelación

Fiscal Leclerc: (con tono incisivo) Señor Arturo, ¿está diciendo que fue parte de una trama organizada por otros vecinos para acosar a Thiago?

Arturo: (asintiendo) Sí. No me estoy excusando, señor fiscal. Sé que lo que hice estuvo mal. Me arrepiento profundamente y estoy dispuesto a asumir las consecuencias.

Juez Dufrène: (mirándolo fijamente) ¿Puede identificar a las personas que considera responsables de esta manipulación?

Arturo: César, por supuesto. Él era el líder, el que coordinaba todo. Yanay también estaba involucrada, y Brutus... Todos ellos se dedicaban a difundir rumores y a crear un ambiente tóxico contra Thiago. Incluso... incluso Radio Cotilla tenía su parte, esparciendo chismes para envenenar a la comunidad contra él.

El silencio en la sala era palpable. Arturo aprovechó la oportunidad para pedir perdón.

Arturo: Señoría, quiero disculparme con Thiago. No tengo excusa para mis actos, pero quiero que sepa que lamento haber sido parte de esto. Me equivoqué al creerles.

El fiscal pidió la palabra.

Fiscal Leclerc: Señoría, dada la admisión voluntaria del señor Arturo, su arrepentimiento, y su disposición a cooperar con la justicia, solicito que se considere la pena mínima.

El juez asintió lentamente.

Juez Dufrène: Señor Arturo, su declaración ha sido clara y honesta. No obstante, sus actos no pueden quedar impunes. En virtud de su arrepentimiento y su cooperación, se le impone una multa de 1,500 euros y 40 horas de servicio comunitario. ¿Acepta usted esta pena?

Arturo: (con firmeza) Sí, señoría.

El Regreso a La Gruta

De regreso en La Gruta, Arturo fue recibido con miradas furtivas y susurros. A diferencia de Yanay, no intentó evitar a los vecinos. Al pasar por el patio, vio a Doña Elisa, Popeye, y Brutus hablando en voz baja.

Doña Elisa: (murmurando) Ahí viene el valiente... aunque valiente de verdad sería si no hubiese participado en nada.

Popeye: (irónico) Al menos tuvo el coraje de admitirlo, cosa que tú nunca harías, Brutus.

Brutus: (cruzándose de brazos) ¡Yo no tengo nada que admitir!

Arturo los enfrentó directamente.

Arturo: (con voz firme) ¿De verdad creen que van a salir indemnes? Esto apenas empieza.

Popeye: (con nerviosismo) ¿Qué has dicho ante el juez?

Arturo: (mirándolo a los ojos) La verdad. Y más les vale que ustedes también lo hagan, porque César ya ha hablado, y lo que está en juego no es poca cosa.

Brutus lo fulminó con la mirada mientras Popeye permanecía en silencio, sudando ligeramente.

La Conversación con Doña Elisa

Más tarde, Arturo se encontró con Doña Elisa, que había estado observando todo desde la distancia.

Doña Elisa: (cruzando los brazos) Tú eras un buen hombre, Arturo. ¿Por qué te metiste en este lío?

Arturo: (suspirando) Porque me dejé llevar, Doña Elisa. Creí que estaba haciendo lo correcto, pero ahora sé que estaba equivocado.

Doña Elisa: (blandiendo un dedo acusador) Pues más te vale que uses esta oportunidad para corregir tu camino. Esta comunidad necesita paz, no más problemas.

Arturo: (asintiendo) Por eso he decidido vender mi casa. No puedo seguir viviendo aquí después de todo esto.

La Venta de la Vivienda

En los días siguientes, Arturo colocó un cartel de "Se Vende" frente a su vivienda. La noticia no tardó en propagarse, y pronto se convirtió en el tema central de conversación.

Doña Sofía: (a su vecina) ¿Te enteraste? Arturo se va de La Gruta.

Don Ernesto: (negando con la cabeza) Pues si lo que dice es cierto, no será el único. Este barrio está podrido, y la limpieza apenas empieza.

Un Cambio de Actitud

Aunque su decisión de marcharse fue recibida con opiniones divididas, Arturo encontró algo de paz en saber que había hecho lo correcto al cooperar con la justicia. Mientras empaquetaba sus pertenencias, reflexionó sobre los años que había vivido en La Gruta.

Arturo: (en voz baja, mirando las cajas) Tal vez mi error fue no darme cuenta antes de quién era quién en este lugar.

Con la casa vacía y los papeles de la venta en proceso, Arturo se despidió silenciosamente de La Gruta, dejando atrás un capítulo lleno de errores y arrepentimientos. Pero su partida marcaba también un nuevo comienzo, tanto para él como para una comunidad que seguía lidiando con sus propios demonios.

Capítulo 34: Tensa Calma en La Gruta

El sol de un frío atardecer iluminaba las fachadas
de La Gruta, pero el ambiente seguía cargado de
incertidumbre. En las últimas semanas, las
citaciones judiciales habían caído como una
tormenta, sacudiendo los cimientos de la
comunidad. Arturo se había marchado, Yanay
seguía lidiando con sus crisis de ansiedad, y César
había regresado a su casa tras unos días en el
pueblo de sus padres.

Las Conversaciones en el Patio

Los vecinos, más callados de lo habitual, se reunían
en pequeños grupos para comentar lo sucedido. En
un rincón del patio, Doña Elisa charlaba con Don
Ernesto, Popeye, y Brutus, mientras algunos niños
jugaban cerca, ajenos a la tensión.

Doña Elisa: (mirando de reojo hacia la casa de
César) ¿Creen que lo volverán a citar?

Don Ernesto: (suspirando) ¿Cómo no? Tiene que
ser el próximo. Con todo lo que ha salido a la luz,
ese hombre no tiene escapatoria.

Popeye: (nervioso) ¿Y si nos llaman a nosotros de
nuevo?

Brutus: (con brusquedad) ¡No digas tonterías, Popeye! Mientras no metas la pata como Arturo, no hay nada de qué preocuparse.

Doña Elisa: (alzando las cejas) ¿Seguro, Brutus? Porque si algo nos ha enseñado todo esto es que las mentiras tienen patas cortas.

Un silencio incómodo se apoderó del grupo. Popeye miró hacia el suelo, inquieto, mientras Brutus apretaba los labios, fingiendo seguridad.

La Vuelta de César

César había regresado a su casa hacía unos días, con el rostro demacrado y los hombros encorvados. La puerta principal permanecía cerrada la mayor parte del tiempo, y las ventanas, con las cortinas corridas, sugerían que el dueño no estaba dispuesto a enfrentar a nadie.

Dentro, César pasaba las horas sumido en pensamientos oscuros. Se paseaba por el salón, mirando las paredes vacías como si buscaran respuestas que no llegaban.

Un golpe en la puerta lo sobresaltó. Cuando abrió, se encontró con su esposa, Florinda, y detrás de ella, sus hijos, Pablo y Ana.

César: (con la voz rota) ¿Qué hacen aquí?

Florinda: (con frialdad) Vinimos a hablar. Pablo y Ana quieren verte, aunque no sé si te lo mereces.

209

César dio un paso atrás, dejando pasar a la familia. La tensión era palpable. Florinda se sentó en el sofá sin quitarse el abrigo, mientras Ana y Pablo permanecían de pie, como si no supieran qué hacer.

La Conversación Familiar

Pablo: (rompiendo el silencio) Papá, ¿por qué? ¿Por qué te metiste en todo esto?

César se llevó las manos a la cara, incapaz de responder de inmediato.

César: (con la voz apagada) Cometí errores, muchos. Pero no lo hice por maldad, Pablo. Creía que estaba protegiendo algo...

Ana: (interrumpiendo) ¿Protegiendo qué? ¿Tu orgullo? ¿Tu posición? Porque lo que hiciste no nos protegió a nosotros, papá. Nos destruiste.

Florinda observaba la escena en silencio, dejando que sus hijos dijeran lo que llevaban tanto tiempo guardando.

Pablo: Me voy a casar con Irene, papá, y te quiero allí... pero no sé si puedo permitirlo.

César levantó la mirada, conmocionado.

César: ¿Qué estás diciendo? ¿No quieres que vaya a la boda de mi propio hijo?

Pablo: (frustrado) ¡Eso depende de ti! Si no asumes tus responsabilidades, si no cambias de verdad, entonces no tendrás lugar en mi vida ni en la de Irene.

César se derrumbó en el sofá, derrotado.

Florinda: (con un tono más suave) César, estás en el borde del abismo. Nadie puede salvarte si tú mismo no haces el esfuerzo.

En el Patio: Rumores y Temores

Mientras tanto, en el patio, las conversaciones se volvían cada vez más tensas. Doña Elisa, que siempre parecía saberlo todo, comenzó a especular.

Doña Elisa: (susurrando) Dicen que César está preparando su defensa.

Don Ernesto: ¿Con qué abogado? ¿No ves que nadie quiere tocar un caso tan enredado como este?

Popeye: (con una risa nerviosa) Tal vez esté pensando en echarse la culpa de todo para salvarse.

Brutus: (tajante) ¡Tonterías! Ese hombre no va a cargar con todo. Nos arrastrará a todos si puede.

En ese momento, apareció Doña Sofía, una vecina de la segunda planta, y se unió a la conversación.

Doña Sofía: ¿De qué hablan?

Doña Elisa: (bajando la voz) De César, claro. Y de quién será el próximo en ser llamado.

Doña Sofía: Pues si quieren mi opinión, deberían llamarlos a todos de una vez y acabar con este circo. ¡Estoy harta de vivir entre cuchicheos y rumores!

El Silencio Antes de la Tormenta

Esa noche, César no durmió. Los comentarios de sus hijos y la mirada de Florinda seguían pesando en su mente. Por primera vez en mucho tiempo, sintió el peso real de sus acciones.

En el patio, las luces de las ventanas se apagaban poco a poco, dejando a La Gruta en una inquietante calma. Nadie sabía quién sería el próximo en recibir la temida citación judicial, pero todos sabían que la tensa calma que ahora reinaba no duraría mucho.

La Gruta, con sus secretos expuestos, se encontraba al borde de un cambio irreversible, y los vecinos, uno a uno, se enfrentaban al juicio no solo de la ley, sino de sus propias conciencias.

Capítulo 35: La Tormenta sobre Bruselas

La primavera había llegado a Bruselas, pero con ella trajo un fenómeno meteorológico que nadie esperaba. Los cielos grises se tornaron negros una tarde de finales de marzo, y un viento helado comenzó a soplar desde el norte. La ciudad, conocida por su clima caprichoso, nunca había visto algo como lo que estaba por desatarse. En La Gruta, los vecinos observaban cómo las nubes se acumulaban rápidamente, mientras los truenos retumbaban en la distancia.

Thiago, mirando desde su ventana, sintió un nudo en el estómago. Durante años había advertido sobre las reparaciones urgentes que necesitaba el complejo. La impermeabilización de los sótanos y las casas bajas, la mejora del sistema de drenaje, incluso la reparación de las paredes exteriores que ya mostraban grietas, todo había sido ignorado.

Thiago: (murmurando para sí) Ahora lo veremos... tanto desdén no queda impune.

La Tormenta Desata su Ira

Alrededor de las seis de la tarde, el viento se intensificó. La lluvia comenzó a caer con furia, formando cascadas en lugar de gotas. En cuestión de minutos, las calles de Bruselas se convirtieron en ríos caudalosos. La Gruta, situada en una zona baja de Uccle, uno de los barrios residenciales de la ciudad, empezó a sufrir los estragos de la tormenta.

El agua encontró su camino hacia los puntos débiles del complejo. Las casas bajas comenzaron a inundarse. Las alcantarillas obstruidas rebosaron, y el garaje subterráneo se convirtió en una piscina improvisada. Los coches, sumergidos hasta el capó, flotaban como juguetes en el agua turbia.

En el interior de La Gruta, los vecinos intentaban contener el desastre como podían.

Yanay, desesperada, corría por los pasillos del complejo.

Yanay: ¡Necesitamos ayuda! ¡Alguien llame a los bomberos!

Don Ernesto: (gritando desde su ventana) ¡Ya están en camino, pero dicen que están desbordados!

En la planta baja, el agua se filtraba por las paredes como si fueran papel. Doña Sofía gritaba mientras intentaba sacar sus pertenencias de su casa.

Doña Sofía: ¡Mis cosas, mis fotos, todo se está arruinando!

El Coraje de Thiago

Mientras la mayoría de los vecinos entraban en pánico, Thiago se puso manos a la obra. Con botas de agua y una linterna, se dirigió al garaje para intentar salvar lo que pudiera. Allí encontró a Brutus, completamente empapado, intentando abrir una de las puertas de acceso.

Thiago: (gritando para hacerse oír sobre el ruido del agua) ¡Brutus, necesitas salir de aquí! ¡Esto puede colapsar!

Brutus: (tozudo) ¡No puedo dejar que el agua destruya mi coche!

Un chorro de agua más fuerte rompió una tubería cercana, haciendo que la situación se volviera aún más peligrosa. Thiago, sin dudarlo, tiró de Brutus para sacarlo del garaje.

Thiago: (mirándolo con seriedad) ¡Es un coche, Brutus! ¡Tu vida vale más que eso!

Los Bomberos Llegan al Rescate

Pasaron horas antes de que los bomberos lograran llegar a La Gruta. Cuando lo hicieron, encontraron un panorama desolador: muebles flotando en las casas bajas, vecinos atrapados en sus hogares, y una comunidad al borde del colapso.

Uno de los bomberos, un hombre robusto de mediana edad, se dirigió a los residentes reunidos en el patio inundado.

Bombero: (con voz autoritaria) Necesitamos evacuar las casas bajas y el garaje de inmediato. ¡El nivel del agua sigue subiendo y no podemos garantizar su seguridad!

La evacuación fue caótica. Vecinos como Doña Elisa y Don Ernesto, que no habían salido en toda la tormenta, fueron ayudados a cruzar el agua con el apoyo de los bomberos. Yanay, visiblemente afectada, intentaba coordinar la salida de los residentes, pero su liderazgo se veía cuestionado por las miradas acusadoras de quienes recordaban sus constantes negativas a las peticiones de reparación de Thiago.

Vecino anónimo: (gritando) ¡Esto es culpa de la presidenta! ¡Si hubiera hecho caso a las advertencias, esto no habría pasado!

Yanay: (defensiva) ¡No es momento de buscar culpables! ¡Tenemos que salir de aquí!

El Hospital y los Heridos

En medio del caos, Popeye sufrió un accidente al resbalar en las escaleras mojadas. Fue trasladado al hospital con una fractura en el brazo. Otros vecinos, como Doña Sofía, tuvieron que ser tratados por hipotermia debido a las horas que pasaron en el agua.

Las Secuelas

Cuando la tormenta finalmente amainó, la devastación era evidente. Las casas bajas estaban inservibles, los coches en el garaje eran una pérdida total, y el sistema eléctrico de La Gruta había colapsado. Los vecinos, agotados y furiosos, se reunieron en el patio al día siguiente para evaluar los daños.

Doña Elisa: (mirando a Yanay con desprecio) Esto no fue un acto de Dios. Esto fue pura negligencia.

Yanay: (intentando defenderse) ¡Hicimos lo que pudimos con los recursos que teníamos!

Thiago: (interrumpiéndola) Los recursos estaban ahí, Yanay. Yo mismo presenté propuestas y advertencias durante años. Pero tú y otros decidieron ignorarlas.

Don Ernesto: (señalando a César, que había vuelto de casa de sus padres justo antes de la tormenta) ¡Y tú tampoco te salvas, César! ¿Cuántas veces usaste tu influencia para bloquear las propuestas de Thiago?

César, todavía en silencio desde su regreso, bajó la mirada. Sabía que no tenía defensa.

Un Rayo de Esperanza

A pesar del desastre, la comunidad comenzó a movilizarse. Bajo la dirección de Thiago, los vecinos comenzaron a limpiar los escombros y a coordinar las reparaciones iniciales. Las diferencias y rencores seguían ahí, pero por primera vez en mucho tiempo, parecía haber un atisbo de unidad.

Thiago: (a los vecinos reunidos) Esto será difícil, pero podemos reconstruir. No solo nuestras casas, sino también nuestra comunidad. Pero necesitamos trabajar juntos, aprender de nuestros errores, y no repetirlos.

Las palabras de Thiago resonaron en el patio lleno de agua y barro. Aunque el camino hacia la recuperación sería largo, La Gruta comenzaba a dar los primeros pasos hacia un nuevo comienzo.

Y en el horizonte, el cielo gris daba paso a los primeros rayos de sol.

Capítulo 35: Popeye se Enfrenta al Dilema

El calendario marcaba marzo de 2025, un invierno frío en Bruselas. Popeye recibió la citación que tanto temía. El sobre oficial del juzgado, con su sello inconfundible, parecía pesar toneladas en sus manos. Sin poder evitarlo, su rostro empalideció mientras leía las palabras que lo convocaban a declarar.

El Día del Juicio

Acompañado por su abogado, Popeye llegó a los juzgados de Bruselas. Los pasillos del tribunal, fríos y solemnes parecían oprimirlo más con cada paso. Frente a él, en la sala de audiencias, el fiscal empezó a detallar las acusaciones en su contra.

Fiscal: Señor Popeye, según las pruebas aportadas, usted selló la cerradura de la casa del señor Thiago en al menos dos ocasiones, utilizando pegamento y, en otro caso, palillos y alfileres. Además,

218

presentó una denuncia falsa ante la Dirección de Urbanismo de Bruselas, acusando al señor Thiago de realizar obras ilegales. Estas acciones no solo representan actos vandálicos, sino también un claro intento de coacción y falsedad documental.

El fiscal, firme y sin rodeos, continuó.

Fiscal: Además, tenemos constancia de un incidente similar en un local comercial hace años. Usted fue identificado por testigos, y aunque el propietario lo perdonó, su historial demuestra un patrón preocupante de comportamiento. ¿Tiene algo que decir en su defensa?

Popeye, sentado junto a su abogado, temblaba. Miró a su representante legal, buscando ayuda, pero las palabras no llegaban. Finalmente, balbuceó:

Popeye: Yo... yo lo hice por orden de César.

El juez lo interrumpió.

Juez: ¿Quién es César para darle órdenes? ¿Usted no es una persona adulta, capaz de discernir entre lo correcto y lo incorrecto?

El silencio llenó la sala. Popeye estaba mudo, incapaz de responder.

Fiscal: Señor juez, por los actos descritos y las pruebas aportadas, solicitamos que el imputado sea acusado formalmente por coacciones, vandalismo, y denuncia falsa.

El juez asintió y, tras unos momentos de deliberación, confirmó la imputación. Popeye salió de la sala con el rostro demacrado, sabiendo que su vida estaba a punto de cambiar drásticamente.

De Regreso a La Gruta

La noticia corrió como pólvora por La Gruta. Los vecinos, reunidos en pequeños grupos en el patio, comentaban lo sucedido con incredulidad.

Doña Elisa: (susurrando) ¿Lo ven? Sabía que Popeye no saldría ileso de todo esto.

Don Ernesto: (serio) ¿Y su familia? Ellos también están pagando el precio de sus decisiones.

En su casa, Popeye se encerró en su habitación. No quería hablar con nadie, ni siquiera con su esposa, Casilda, quien estaba tan impactada como él. Pero el silencio no duró mucho.

Casilda: (irrumpe en la habitación) ¡Esto es una ruina, Popeye! ¡¿Te das cuenta de lo que has hecho?! Vas a perder tu trabajo, y con él, nuestra estabilidad.

Popeye: (encarado, con los ojos rojos de rabia y vergüenza) ¡Tú lo sabías todo, Casilda! ¡Eras mi cómplice! ¡No me vengas ahora con sermones!

Casilda: (indignada) ¡¿Cómplice yo?! ¡Te advertí más de una vez que no te metieras en esos líos con César! Pero tú nunca escuchas.

En ese momento, apareció su hija mayor, Aitana, una joven de veintidós años, quien llevaba semanas distanciada de sus padres precisamente por las tensiones en torno al caso de Thiago.

Aitana: (en la puerta) ¿Ahora lo ves, papá? Te lo dije tantas veces. Todo lo que César decía sobre Thiago no podía ser verdad. ¡Pero preferiste hacerle caso a él antes que escuchar a tu propia hija!

Popeye: (gritando) ¡No me hables así!

Aitana: (con lágrimas en los ojos) ¡¿Y cómo quieres que te hable?! ¡Nos estás arruinando a todos!

Casilda se llevó las manos a la cabeza, mientras Aitana se daba la vuelta y salía de la habitación, golpeando la puerta.

Casilda: (desesperada) ¿Qué vamos a hacer ahora, Popeye? Esto no solo te afecta a ti. Esto nos afecta a todos.

Popeye, hundido, no respondió. Sabía que Casilda tenía razón, pero no tenía fuerzas para enfrentarlo.

El Revuelo en La Gruta

Esa noche, las luces de la casa de Popeye permanecieron encendidas hasta tarde, mientras las discusiones se sucedían a puertas cerradas. Afuera, los vecinos seguían comentando lo sucedido.

Doña Sofía: (a un grupo) Ahora resulta que César no solo manipuló a Popeye, sino a medio vecindario. ¿Cuántos más tendrán que pasar por los juzgados antes de que esto acabe?

Brutus: (con tono defensivo) Pues cada quien tiene que asumir su parte, ¿no? Yo no tengo miedo, porque no hice nada ilegal.

Don Ernesto: (con una risa amarga) ¿Seguro, Brutus? Porque si César "cantó", como dicen, a lo mejor te nombró en algo.

Doña Elisa: Lo único que sé es que esto no terminará bien para nadie. Esta comunidad nunca volverá a ser la misma.

Reflexiones de Popeye

Encerrado en su habitación, Popeye miraba fijamente una foto de su familia, tomada en tiempos más felices. Las palabras de Aitana resonaban en su mente: *"Nos estás arruinando a todos."*

Por primera vez, Popeye comenzó a cuestionar cada decisión que lo había llevado hasta este punto. Había confiado ciegamente en César, dejando que la envidia y el rencor nublaran su juicio. Ahora, enfrentaba no solo las consecuencias legales, sino también el posible colapso de su familia.

En el silencio de la noche, mientras Casilda lloraba en la habitación contigua y Aitana no regresaba de casa de una amiga, Popeye finalmente se permitió sentir el peso de su culpa. Sabía que las próximas semanas serían cruciales, no solo para su destino judicial, sino para su vida entera.

Capítulo 36: La Tormenta sobre Bruselas

La primavera había llegado a Bruselas, pero con ella trajo un fenómeno meteorológico que nadie esperaba. Los cielos grises se tornaron negros una tarde de finales de marzo, y un viento helado comenzó a soplar desde el norte. La ciudad, conocida por su clima caprichoso, nunca había visto algo como lo que estaba por desatarse. En La Gruta, los vecinos observaban cómo las nubes se acumulaban rápidamente, mientras los truenos retumbaban en la distancia.

Thiago, mirando desde su ventana, sintió un nudo en el estómago. Durante años había advertido sobre las reparaciones urgentes que necesitaba el complejo. La impermeabilización de los sótanos y las casas bajas, la mejora del sistema de drenaje, incluso la reparación de las paredes exteriores que ya mostraban grietas, todo había sido ignorado.

Thiago: (murmurando para sí) Ahora lo veremos... tanto desdén no queda impune.

La Tormenta Desata su Ira

Alrededor de las seis de la tarde, el viento se intensificó. La lluvia comenzó a caer con furia, formando cascadas en lugar de gotas. En cuestión de minutos, las calles de Bruselas se convirtieron en ríos caudalosos. La Gruta, situada en una zona baja de Uccle, uno de los barrios residenciales de la ciudad, empezó a sufrir los estragos de la tormenta.

El agua encontró su camino hacia los puntos débiles del complejo. Las casas bajas comenzaron a inundarse. Las alcantarillas obstruidas rebosaron, y el garaje subterráneo se convirtió en una piscina improvisada. Los coches, sumergidos hasta el capó, flotaban como juguetes en el agua turbia.

En el interior de La Gruta, los vecinos intentaban contener el desastre como podían.

Yanay, desesperada, corría por los pasillos del complejo.

Yanay: ¡Necesitamos ayuda! ¡Alguien llame a los bomberos!

Don Ernesto: (gritando desde su ventana) ¡Ya están en camino, pero dicen que están desbordados!

En la planta baja, el agua se filtraba por las paredes como si fueran papel. Doña Sofía gritaba mientras intentaba sacar sus pertenencias de su casa.

Doña Sofía: ¡Mis cosas, mis fotos, todo se está arruinando!

El Coraje de Thiago

Mientras la mayoría de los vecinos entraban en pánico, Thiago se puso manos a la obra. Con botas de agua y una linterna, se dirigió al garaje para intentar salvar lo que pudiera. Allí encontró a Brutus, completamente empapado, intentando abrir una de las puertas de acceso.

Thiago: (gritando para hacerse oír sobre el ruido del agua) ¡Brutus, necesitas salir de aquí! ¡Esto puede colapsar!

Brutus: (tozudo) ¡No puedo dejar que el agua destruya mi coche!

Un chorro de agua más fuerte rompió una tubería cercana, haciendo que la situación se volviera aún más peligrosa. Thiago, sin dudarlo, tiró de Brutus para sacarlo del garaje.

Thiago: (mirándolo con seriedad) ¡Es un coche, Brutus! ¡Tu vida vale más que eso!

Los Bomberos Llegan al Rescate

Pasaron horas antes de que los bomberos lograran llegar a La Gruta. Cuando lo hicieron, encontraron un panorama desolador: muebles flotando en las casas bajas, vecinos atrapados en sus hogares, y una comunidad al borde del colapso.

Uno de los bomberos, un hombre robusto de mediana edad, se dirigió a los residentes reunidos en el patio inundado.

Bombero: (con voz autoritaria) Necesitamos evacuar las casas bajas y el garaje de inmediato. ¡El nivel del agua sigue subiendo y no podemos garantizar su seguridad!

La evacuación fue caótica. Vecinos como Doña Elisa y Don Ernesto, que no habían salido en toda la tormenta, fueron ayudados a cruzar el agua con el apoyo de los bomberos. Yanay, visiblemente afectada, intentaba coordinar la salida de los residentes, pero su liderazgo se veía cuestionado por las miradas acusadoras de quienes recordaban sus constantes negativas a las peticiones de reparación de Thiago.

Vecino anónimo: (gritando) ¡Esto es culpa de la presidenta! ¡Si hubiera hecho caso a las advertencias, esto no habría pasado!

Yanay: (defensiva) ¡No es momento de buscar culpables! ¡Tenemos que salir de aquí!

El Hospital y los Heridos

En medio del caos, Popeye sufrió un accidente al resbalar en las escaleras mojadas. Fue trasladado al hospital con una fractura en el brazo. Otros vecinos, como Doña Sofía, tuvieron que ser tratados por hipotermia debido a las horas que pasaron en el agua.

Las Secuelas

Cuando la tormenta finalmente amainó, la devastación era evidente. Las casas bajas estaban inservibles, los coches en el garaje eran una pérdida total, y el sistema eléctrico de La Gruta había colapsado. Los vecinos, agotados y furiosos, se reunieron en el patio al día siguiente para evaluar los daños.

Doña Elisa: (mirando a Yanay con desprecio) Esto no fue un acto de Dios. Esto fue pura negligencia.

Yanay: (intentando defenderse) ¡Hicimos lo que pudimos con los recursos que teníamos!

Thiago: (interrumpiéndola) Los recursos estaban ahí, Yanay. Yo mismo presenté propuestas y advertencias durante años. Pero tú y otros decidieron ignorarlas.

Don Ernesto: (señalando a César, que había vuelto de casa de sus padres justo antes de la tormenta) ¡Y tú tampoco te salvas, César! ¿Cuántas veces usaste tu influencia para bloquear las propuestas de Thiago?

César, todavía en silencio desde su regreso, bajó la mirada. Sabía que no tenía defensa.

Un Rayo de Esperanza

A pesar del desastre, la comunidad comenzó a movilizarse. Bajo la dirección de Thiago, los vecinos comenzaron a limpiar los escombros y a coordinar las reparaciones iniciales. Las diferencias y rencores seguían ahí, pero por primera vez en mucho tiempo, parecía haber un atisbo de unidad.

Thiago: (a los vecinos reunidos) Esto será difícil, pero podemos reconstruir. No solo nuestras casas, sino también nuestra comunidad. Pero necesitamos trabajar juntos, aprender de nuestros errores, y no repetirlos.

Las palabras de Thiago resonaron en el patio lleno de agua y barro. Aunque el camino hacia la recuperación sería largo, La Gruta comenzaba a dar los primeros pasos hacia un nuevo comienzo.

Y en el horizonte, el cielo gris daba paso a los primeros rayos de sol.

Capítulo 37: La Reconstrucción de la Gruta

Una vez pasada la tormenta y con la magnitud del desastre aún fresca en la mente de todos, los vecinos de La Gruta decidieron convocar una reunión extraordinaria. Las filtraciones, los daños estructurales y las pérdidas materiales obligaban a tomar decisiones urgentes. Era evidente que la comunidad no podía seguir operando como hasta ahora.

El salón comunitario estaba abarrotado. Vecinos de todas las plantas acudieron, muchos con caras cansadas y otros claramente irritados. Thiago, firme y decidido, esperaba pacientemente a que todos tomaran asiento. Sabía que esta era su oportunidad para llevar a cabo un cambio real.

Thiago Toma la Iniciativa

Cuando Yanay, en su papel de presidenta, intentó abrir la reunión, Thiago pidió la palabra con autoridad.

Thiago: (de pie, con voz firme) "Sé que todos estamos cansados y frustrados. Lo que ocurrió durante la tormenta no fue solo culpa del clima. Fue la consecuencia directa de años de negligencia y desidia. No me gusta señalar culpables, pero en este caso, los hay, y debemos actuar con responsabilidad."

La sala quedó en silencio, y todas las miradas se dirigieron a Yanay, quien comenzó a removerse incómoda en su silla.

Thiago: (mirándola directamente) "Yanay, tú eres la presidenta actual, y por tanto, eres la principal responsable de que estas reparaciones no se hayan llevado a cabo. Las propuestas estaban sobre la mesa. Los informes de riesgos fueron ignorados. ¿Cuántas veces lo advertí?"

Yanay: (saltando, visiblemente alterada) "¡No es tan simple, Thiago! ¡Hicimos lo que pudimos con los recursos que teníamos! Además, no todo es culpa mía. ¡Esto viene de antes, de administraciones anteriores!"

Un murmullo comenzó a extenderse entre los vecinos. Means Cooking, que solía mantenerse neutral en estos conflictos, decidió intervenir.

Means Cooking: (con voz tranquila, pero firme) "Yanay, lo que dice Thiago es cierto. Recuerdo perfectamente cómo ignoraste sus cartas y peticiones. Y lo siento, pero no podemos seguir barriendo la basura bajo la alfombra. Necesitamos soluciones, no excusas."

La Tensión Aumenta

La discusión se intensificó cuando Brutus tomó la palabra, claramente irritado.

Brutus: (señalando a Thiago) "¡Tú te crees que eres el salvador de esta comunidad, pero no eres más que un prepotente! Siempre apuntando con el dedo a los demás."

Thiago: (con calma, pero sin ceder terreno) "Brutus, no es prepotencia. Es sentido común. Tú también fuiste presidente, ¿o ya se te olvidó? Tenías el poder de cambiar las cosas, pero preferiste mirar para otro lado. Igual que Popeye, igual que César."

Popeye: (intentando defenderse) "¡Yo solo seguía órdenes! Además, ¿quién puede predecir una tormenta así? Esto fue un acto de la naturaleza, nada más."

Don Ernesto: (desde el fondo de la sala) "¿Acto de la naturaleza? ¡Por favor! Thiago nos lo dijo una y otra vez. Si hubieran hecho caso a las reparaciones, esto no habría pasado."

Propuestas para la Reconstrucción

Cuando las tensiones parecían a punto de desbordarse, Thiago levantó la mano para pedir calma.

Thiago: (con voz firme) "Escuchen. Lo que pasó ya no se puede cambiar. Pero lo que hagamos a partir de ahora depende de nosotros. Mi propuesta es clara: quienes tengan seguro de hogar deben tramitar las reclamaciones de inmediato. Además, solicitaremos ayuda al Ayuntamiento de Bruselas y a otras entidades europeas. Me dirigiré personalmente al Defensor Europeo para pedir apoyo financiero. Y sí, iniciaré acciones legales contra el administrador y quienes ocuparon cargos y no hicieron nada. Esto no es personal, es por el bienestar de todos."

El salón quedó en silencio por un momento, pero pronto se escucharon murmullos de aprobación entre algunos vecinos.

Doña Sofía: (levantándose) "Estoy de acuerdo con Thiago. No podemos seguir dejando pasar las cosas. Es hora de actuar."

Don Ernesto: "Si necesitas firmas o apoyo para esas peticiones, cuenta conmigo, Thiago."

Pero no todos estaban conformes.

Brutus: (golpeando la mesa) "¿Acciones legales? ¡Esto es un circo! ¡Te crees Dios, pero no puedes con todos nosotros!"

Thiago: (mirándolo fijamente) "No es cuestión de creerse nada, Brutus. Es cuestión de responsabilidad. Si no asumimos las consecuencias de nuestros actos, esto volverá a pasar."

La Respuesta de César

César, que había vuelto recientemente a su casa, se mantuvo en silencio durante la mayor parte de la reunión. Sabía que cualquier comentario suyo podría desatar otra discusión, y prefería mantenerse al margen. Sin embargo, cuando la atención se desvió hacia él, no tuvo más remedio que hablar.

Yanay: (dirigiéndose a César) "¿Y tú qué? ¿No vas a decir nada? Fuiste parte de esto también."

César: (con un tono cansado) "No voy a discutir. Ya cometí mis errores, y los estoy pagando. Pero si puedo ayudar a solucionar algo, lo haré."

El Revuelo en la Comunidad

La reunión terminó en un caos de opiniones encontradas. Algunos vecinos, como Doña Sofía y Don Ernesto, apoyaban firmemente las propuestas de Thiago. Otros, como Brutus y Yanay, seguían resistiéndose a asumir responsabilidades.

En el patio, después de la reunión, los murmullos continuaron.

Don Ernesto: (a Doña Elisa) "Te lo dije. Este Thiago es un hombre justo. Por fin alguien con cabeza en esta comunidad."

Doña Elisa: "Sí, pero no sé si podrá con todos estos egos. Yanay y los demás no van a ceder fácilmente."

Mientras tanto, César regresó a su casa en silencio. Su esposa, Florinda, lo visitó esa noche.

Florinda: (con tono serio) "¿Qué pasó en la reunión?"

César: (susurrando) "Thiago está tomando el control. Y lo está haciendo bien. Pero esta comunidad está rota, Florinda. No sé si podremos repararla."

Florinda, mirando a su esposo, respondió con un suspiro.

Florinda: "Por tu bien, César, espero que puedas contribuir a esa reparación. Aunque sea tarde, aún puedes hacer algo bueno."

La Primera Piedra de la Reconstrucción

A pesar de las tensiones, la reunión marcó un punto de inflexión. Con el liderazgo de Thiago y el apoyo de algunos vecinos, comenzaron a redactarse los primeros planes para solicitar ayuda externa. Las tensiones seguían latentes, pero por primera vez en años, parecía haber un atisbo de esperanza para La Gruta.

El camino sería largo y lleno de obstáculos, pero los cimientos de la reconstrucción, tanto física como social, estaban comenzando a colocarse.

Capítulo 38: La Nueva Gruta

Los meses pasaron, y el caos que había envuelto a La Gruta comenzó a disiparse poco a poco. Gracias a la colaboración de los vecinos, los seguros, y los fondos europeos gestionados por Thiago y algunos de los más comprometidos, el complejo residencial recobró su estabilidad. Las reparaciones fueron extensas: se arreglaron las viviendas afectadas, se impermeabilizaron los techos, y se instaló un nuevo sistema de drenaje para evitar futuros desastres.

La transformación física de La Gruta fue acompañada por un cambio en el ánimo de la comunidad. Aunque las heridas sociales seguían presentes, algunos vecinos comenzaron a trabajar juntos en proyectos comunes. La tormenta había traído consigo una lección que incluso los más escépticos no podían ignorar: la unión era esencial para superar las adversidades.

El Último Llamado: Brutus al Juzgado

En medio de esta relativa calma, llegó el turno de Brutus de enfrentar a la justicia. Aunque se le había citado como testigo, sabía que las acusaciones de César podían convertirlo en algo más. La grabación aportada al caso contenía menciones específicas de daños causados por Brutus en los trasteros de Thiago y arañazos en el coche del mismo.

Brutus, acompañado por su abogado, llegó al juzgado temprano en la mañana. Means Cooking, su esposa, decidió no acompañarlo. Habían tenido una discusión la noche anterior, y ella prefería mantenerse al margen.

Means Cooking: (enojada) "Sabías que esto iba a pasar, Brutus. Siempre te dije que alejaras tus manos de esos conflictos absurdos. Ahora mira dónde estamos."

Brutus: (intentando calmarla) "¡No me sermonees ahora! César es el verdadero culpable de todo esto. Solo seguí sus sugerencias."

Means Cooking: (dura) "Sugerencias que tú decidiste convertir en acciones. Que te quede claro, Brutus, si esto nos arruina, será por tu culpa. Ya he tenido suficiente."

235

Brutus salió de la casa con un aire sombrío. Sabía que el día sería difícil.

En el Juzgado

El fiscal, un hombre con experiencia y tono severo, comenzó con un interrogatorio incisivo.

Fiscal: "Señor Brutus, según la grabación aportada por César, usted fue responsable de causar daños en las puertas de los trasteros del señor Thiago y de arañar su coche. ¿Es esto cierto?"

Brutus: (nervioso) "Bueno... puede que haya ocurrido algo así, pero no fue premeditado. Fue una tontería, un momento de enojo. No creí que fuera tan grave."

Fiscal: "¿No creía que fuera tan grave? ¿Qué justificación tiene para dañar la propiedad de un vecino? ¿También considera aceptable que lo hiciera bajo la influencia de las palabras de César?"

Brutus: "César me dijo que Thiago se estaba aprovechando de la comunidad. Me sentí obligado a actuar. Pero no pensé que esto fuera a llegar tan lejos..."

El juez intervino, visiblemente irritado por las excusas.

Juez: "Señor Brutus, sus actos, aunque menores, no dejan de ser vandalismo. Usted es un adulto, no un peón para que otro lo manipule. Lo que ha hecho tiene consecuencias legales."

Brutus intentó justificarse, pero el juez no estaba dispuesto a escuchar más excusas. Tras una breve deliberación, se le impuso una multa y la obligación de reparar los daños causados en el coche y los trasteros de Thiago. Además, se le advirtió que cualquier acto similar en el futuro sería tratado con mayor severidad.

El Regreso a La Gruta

Cuando Brutus volvió a La Gruta esa tarde, no fue recibido con simpatía. La noticia de su sanción se había extendido rápidamente. Algunos vecinos se reunieron en el patio, cuchicheando mientras lo veían caminar hacia su casa con la cabeza gacha.

Doña Sofía: (en voz baja a Don Ernesto) "Era de esperarse. Siempre ha sido el brazo ejecutor de César. Ya era hora de que enfrentara las consecuencias."

Don Ernesto: "Lo que me sorprende es que Means Cooking siga con él. Esa mujer merece algo mejor."

En casa, la recepción fue aún más fría. Means Cooking lo esperaba en el salón, con los brazos cruzados y una expresión de cansancio en el rostro.

Means Cooking: (con dureza) "Entonces, ¿qué tal te fue? ¿Te sientes orgulloso ahora?"

Brutus: (evitando su mirada) "No necesito tu sermón, Means. Ya lo escuché todo en el juzgado."

Means Cooking: (frustrada) "¿No entiendes, Brutus? Esto no solo te afecta a ti. Nos afecta a todos. ¿Sabes cómo va a impactar esto en nuestra reputación? ¿En nuestra vida aquí? Ya estoy harta de cubrir tus errores."

En ese momento, su hija adolescente, Martina, bajó las escaleras.

Martina: (mirando a su padre con desdén) "Siempre te lo dije, papá. César no es buena persona. Ahora mira en lo que nos has metido. Yo no quiero vivir aquí más."

El comentario de Martina fue como una daga en el corazón de Brutus. Sabía que había fallado, no solo como vecino, sino también como padre y esposo. Se encerró en su habitación, dejando a Means Cooking y Martina en el salón, ambas luchando con sentimientos de frustración y desilusión.

Un Nuevo Capítulo en La Gruta

La sanción de Brutus marcó el cierre de una etapa para La Gruta. Con cada imputado enfrentando sus consecuencias legales, la comunidad comenzaba a ver un destello de esperanza. Thiago, por su parte, observaba desde su casa cómo poco a poco se desmoronaba la red de manipulaciones que había soportado durante años.

Esa noche, mientras miraba por la ventana, Thiago se permitió un breve momento de satisfacción. Sabía que aún quedaba mucho por hacer, pero cada paso hacia la justicia era una victoria en sí misma.

Y mientras Brutus reflexionaba sobre sus errores, la comunidad de La Gruta seguía avanzando, reconstruyendo no solo sus estructuras físicas, sino también las relaciones que durante tanto tiempo habían sido corroídas por la desconfianza y el rencor.

Capítulo 39: La Venganza de Yanay y César

César estaba en su salón, una copa de whisky en la mano y los ojos fijos en la pared, donde colgaba un viejo retrato de su familia. Su mente, sin embargo, estaba muy lejos de los recuerdos felices. La humillación sufrida ante la comunidad y el desprecio de su propia familia lo tenían consumido. Yanay, una mujer que compartía con César su espíritu vengativo y su necesidad de reafirmarse, se convirtió en su aliada. Ambos sentían que la única manera de restaurar su orgullo y dañar la imagen de Thiago era una última jugada desesperada.

Yanay: (con una sonrisa torcida) "César, si no hacemos algo ahora, Thiago no solo se saldrá con la suya. Nos pisoteará a todos."

César: (con los ojos entrecerrados) "Ya tengo un plan, Yanay. Pero necesitamos involucrar a todos los que tengan algo en contra de ese hombre."

Así, la idea de una denuncia penal colectiva comenzó a tomar forma. César y Yanay contactaron a todos los vecinos que en algún momento habían tenido algún conflicto, real o imaginado, con Thiago. Convencieron a Means Cooking, Brutus, y hasta al vecino del 109, Arturo, para que se unieran a su causa.

Yanay: "Lo único que necesitamos son unas declaraciones firmes. Nada que no podamos inventar, ¿verdad? Lo demás se lo dejamos a la abogada."

Means Cooking: (dudosa) "¿Y si nos descubren? ¿Si esto termina peor para nosotros?"

César: (con voz fría) "Peor ya no podemos estar. Además, nadie va a creerle a Thiago si todos estamos de acuerdo."

El Día de la Citación

Era un caluroso día de julio de 2025 cuando Thiago recibió un certificado judicial entregado por el cartero. Lo abrió con calma, aunque su instinto ya le decía que se trataba de una nueva artimaña. Al leer el contenido, no pudo evitar esbozar una sonrisa amarga.

Thiago: (leyendo en voz alta) "Amenazas, vandalismo... ¿lanzar basura y huevos a las casas? Esto es un chiste."

Llamó a su hija, Valentina, para explicarle la situación.

Valentina: "Papá, esto es ridículo. Todo el barrio sabe quién es quién en esta historia."

Thiago: (con serenidad) "Ridículo, sí, pero no por eso menos peligroso. Vamos a prepararnos bien."

El Primer Juicio

El primer juicio se celebró en una sala pequeña. Los trece denunciantes, encabezados por César y Yanay, parecían seguros de sí mismos. Cada uno tenía su historia inventada y hasta habían aportado fotografías de Thiago en el tejado de su casa, intentando convencer al juez de que ese era el momento en que lanzaba objetos a sus viviendas.

Juez: (mirando a los abogados) "Esto parece un conflicto vecinal más que un caso penal. ¿Han considerado resolver esto fuera de los tribunales?"

La abogada de los denunciantes, una mujer con actitud altanera, respondió con firmeza:

Abogada: "Señoría, mis clientes exigen justicia. Quieren que este hombre sea condenado."

241

Thiago, acompañado de su abogada y su hija, observaba todo en silencio, confiado en que la verdad prevalecería.

El juez, sin embargo, decidió posponer el juicio. La sala no tenía capacidad para tanta gente, y la tensión era evidente.

El Juicio Definitivo

En septiembre de 2025, el juicio se reanudó en una sala más amplia. Los denunciantes se presentaron con nuevos testimonios inventados.

Means Cooking: (declarando) "Un día, mientras bajaba al garaje con mis dos niñas pequeñas, Thiago dejó caer la puerta sobre nosotras. Mis hijas se asustaron mucho."

El juez miró las declaraciones con escepticismo.

Juez: (a Means Cooking) "¿Y por qué no presentó una denuncia en ese momento?"

Means Cooking: (titubeando) "No quería problemas, pero ahora todo encaja. Era parte de su acoso constante."

Cuando llegó el turno de Yanay, comenzó a llorar de forma exagerada mientras declaraba:

Yanay: "Yo lo que quiero es que este hombre deje de ponerme denuncias, nada más."

El juez, un hombre veterano y sagaz, observó atentamente a los denunciantes mientras se contradecían una y otra vez. Thiago, cuando llegó su turno, se mantuvo sereno y claro.

Thiago: (mirando directamente al juez) "Señoría, llevo años enfrentándome a acosos, mentiras y manipulaciones. Esto es una conspiración. Ninguna de estas personas tiene pruebas reales porque lo que alegan es falso."

Valentina, la hija de Thiago, también declaró con firmeza.

Valentina: "Mi padre ha soportado cosas que pocos podrían soportar. Lo han acosado y han intentado destruir su reputación. Pero él siempre nos ha enseñado a responder con la verdad."

El juez dio a Thiago la última palabra.

Thiago: (con voz firme) "Señoría, después de tres horas de escuchar estas mentiras, solo quiero decir que yo también sé llorar, como ha hecho Yanay aquí. Pero no voy a hacerlo. Lo único que pido es justicia."

El Veredicto

Al día siguiente, el juez dictó sentencia: Thiago fue absuelto de todos los cargos. La sentencia fue clara y contundente, señalando que las acusaciones carecían de pruebas y estaban llenas de contradicciones.

La noticia causó un gran revuelo en La Gruta. Mientras unos celebraban la victoria de Thiago, otros denunciantes, como César y Yanay, se encerraron en sus casas, humillados y furiosos.

Capítulo 40: Thiago Pasa a la Acción

A finales de 2025, después de meses de enfrentamientos, tormentas literales y figuradas, y falsas denuncias, Thiago decidió que era hora de tomar medidas definitivas. Sabía que si quería asegurar el futuro de La Gruta y erradicar las raíces de corrupción y negligencia, tendría que llevar la lucha a un nivel completamente nuevo. Esta vez, no solo enfrentaría a sus detractores, sino también a todo un sistema de inacción y complicidades pasadas.

Preparación de la Demanda

Thiago contrató a Leonard Van Houtte, un prestigioso abogado especialista en derecho civil y construcción, conocido por su contundencia en tribunales, y a Marie Claudel, una procuradora de renombre, para que lideraran su causa. Durante semanas, Thiago trabajó con ellos para compilar pruebas y redactar una demanda meticulosa.

El documento incluía:

1. Solicitudes de exclusión de la comunidad para determinados propietarios, especialmente aquellos que habían llegado

a La Gruta después de los eventos más graves.

2. La responsabilidad explícita de antiguos cargos de la comunidad:

    o   Brutus (como expresidente).

    o   Ismael y Popeye (antiguos vicepresidentes).

    o   Yanay (expresidenta y actual administradora de facto).

    o   César (involucrado directamente en actos de acoso).

3. Una auditoría externa, que sería realizada antes de la vista preliminar, para examinar las cuentas comunitarias y determinar responsabilidades adicionales.

La demanda exponía irregularidades financieras, como un supuesto desvío de fondos, cambios de entidad bancaria para ocultar movimientos sospechosos y un acuerdo ilícito con el promotor original del complejo. Este último incluía prebendas y regalos, como servicios gratuitos y otros beneficios para algunos miembros de la directiva, a cambio de no emprender una demanda formal contra el promotor.

Thiago también solicitó:

•   Reembolso total de los costos judiciales por parte de los responsables, incluidos los honorarios de abogados, procuradores, peritos y otros profesionales.

- Que los cargos actuales y anteriores fueran condenados de manera individual, eximiendo de toda culpa a los comuneros de la planta alta, quienes no tenían relación con los hechos.

Revuelo en La Gruta

A principios de enero de 2026, los mencionados en la demanda recibieron las notificaciones judiciales. La reacción fue inmediata y visceral.

En la casa de Brutus y Means Cooking, la tensión era palpable.

Brutus: (leyendo la notificación) "¡Esto es una locura! ¿Cómo puede Thiago acusarnos de todo esto? ¡Ese hombre quiere destruirnos!"

Means Cooking: (con sarcasmo) "Bueno, tal vez si hubieras hecho algo en su momento en lugar de ignorarlo todo…"

Yanay, por su parte, reunió a César y Popeye en su casa para discutir la situación.

Yanay: (gritando) "¡Esto es culpa tuya, César! Si no hubieras perdido el control, nada de esto estaría pasando."

César: (con frialdad) "No me culpes a mí. Tú también estabas metida hasta el cuello en todo esto."

Popeye: (tembloroso) "¿Qué hacemos ahora? Si esto sale mal, lo perdemos todo."

La comunidad en general estaba conmocionada. Los comuneros de la planta alta, exonerados en la demanda, se solidarizaban con Thiago, mientras que los mencionados en la demanda intentaban ganar aliados sin éxito.

Doña Sofía: (a un grupo de vecinos) "Ya era hora de que alguien pusiera a esos sinvergüenzas en su lugar. Thiago es el único que ha tenido el valor de enfrentarlos."

La Vista Preliminar: 5 de febrero de 2026

En la vista preliminar, las tensiones eran palpables. Los demandados, acompañados de sus abogados, intentaron minimizar su responsabilidad.

Abogado de Yanay: "Mi cliente acepta parcialmente ciertos cargos menores, pero considera que las demás acusaciones carecen de fundamento."

Leonard Van Houtte: (con tono contundente) "Señoría, las pruebas son claras. No solo hay evidencias de inacción, sino de corrupción activa. La responsabilidad de mis representados, los comuneros inocentes, debe ser protegida a toda costa."

Aunque intentaron llegar a un acuerdo, la oposición de Thiago y su equipo impidió que los culpables escaparan sin consecuencias.

El Juicio: 20 de marzo de 2026

El juicio fue intenso. Durante la audiencia, se presentaron los resultados de la auditoría, que revelaron:

- Desvío de fondos hacia cuentas personales vinculadas al anterior administrador.

- Pagos inexplicables a empresas ficticias.

- Gastos comunitarios injustificados que beneficiaron directamente a los acusados.

Los testigos, incluidos algunos antiguos comuneros, confirmaron que los cargos mencionados habían actuado con negligencia y complicidad en varios eventos.

Cuando llegó el turno de César, su testimonio fue inconsistente. Bajo la presión del fiscal, terminó admitiendo parte de los hechos.

César: (nervioso) "Yo solo seguía las decisiones de la junta. No era el único responsable..."

El juez, un hombre conocido por su imparcialidad, dictó una sentencia firme:

- César, Yanay, Brutus, Popeye e Ismael fueron declarados culpables de negligencia grave y abuso de poder.

- El administrador actual y el anterior fueron condenados por desvío de fondos y falsificación de documentos.

- Las penas incluyeron multas significativas, prohibición de ocupar cargos comunitarios durante 10 años y la devolución de los fondos mal gestionados.

Los comuneros de la planta alta fueron exonerados por completo.

Reacciones en La Gruta

Cuando la noticia llegó a La Gruta, el escándalo fue mayúsculo. Los mencionados intentaron justificar sus acciones, pero los comuneros ya no estaban dispuestos a escuchar.

Doña Sofía: "¡Por fin se hizo justicia! Thiago tenía razón desde el principio."

Don Ernesto: "Estos años de sufrimiento han valido la pena. Ahora podemos empezar de nuevo."

Mientras tanto, Thiago, aunque satisfecho con el resultado, sabía que aún quedaba trabajo por hacer para reconstruir la confianza y la armonía en la comunidad.

Thiago: (hablando con Valentina) "Ganamos, pero esto no es el final. Es el principio de una nueva etapa para La Gruta."

La Reconstrucción Continua

Con los fondos recuperados y la ayuda de la nueva junta directiva, La Gruta inició un proceso de renovación, tanto físico como moral. Thiago fue elegido por unanimidad como representante para supervisar las reparaciones y garantizar la transparencia.

La comunidad, aunque herida por el pasado, comenzó a sanar. Thiago se había convertido en un símbolo de integridad, demostrando que incluso frente a la adversidad más oscura, la verdad y la justicia podían prevalecer.

Capítulo 41: La Gruta Desorientada

La Gruta vivía un momento de tensión y división. Los acontecimientos recientes habían dejado a la comunidad en un estado de incertidumbre. Por un lado, los vecinos que deseaban reconstruir y avanzar convocaron una reunión en el restaurante Bellini; por otro, los implicados en las tramas pasadas observaban desde la distancia, rumiando sus frustraciones y temores.

La Reunión en el Restaurante Bellini

El restaurante Bellini estaba iluminado con una calidez especial esa noche. Giovanni, el dueño, había dispuesto mesas decoradas con flores frescas y velas para recibir a los vecinos comprometidos con un cambio positivo en La Gruta. La televisión local BX1 y el periódico La Capitale enviaron reporteros para cubrir el evento, aunque aún no emitirían nada hasta días después.

Los vecinos asistentes, encabezados por Thiago, discutieron propuestas para el futuro de la comunidad mientras compartían risottos y pizzas artesanales. Entre ellos estaban Mei Ling, Samuel y Nora, Hakim, Elina, Marc y Lucie, Aisha, Giovanni, Nadia y Tomasz.

Thiago: (de pie, con un semblante serio) "Hemos pasado por mucho, pero hoy estamos aquí para mirar hacia adelante. Quiero escuchar sus ideas, porque estoy convencido de que juntos podemos devolverle a La Gruta su esplendor."

Mei Ling: (ajustándose sus gafas) "Creo que es esencial crear un comité de obras para asegurarnos de que todas las reparaciones se hagan de manera efectiva y transparente. Necesitamos organización."

Nadia Nowak: (entusiasta) "Y no podemos olvidar la estética. Tomasz y yo podemos diseñar jardines comunitarios para embellecer el espacio y hacerlo más acogedor."

Hakim: "Propongo modernizar nuestra administración con tecnología. Un sistema en línea donde todos podamos ver las cuentas y votar sobre decisiones importantes."

Aisha: (serena) "Eso está bien, pero también debemos sanar las relaciones entre nosotros. Las heridas de los últimos años no van a desaparecer fácilmente."

La conversación fluyó con entusiasmo, y los reporteros tomaron nota mientras las cámaras de BX1 grababan imágenes de los vecinos dialogando en un ambiente positivo y colaborativo. La unión de este grupo transmitía un mensaje esperanzador para La Gruta.

Mientras Tanto, en las Sombras

En una casa de La Gruta, los implicados en los problemas pasados se reunieron al enterarse de la reunión en Bellini.

Yanay: (mordiendo las uñas) "¿Quién se creen que son para organizar esto sin nosotros? Nosotros construimos esta comunidad, y ahora nos tratan como si fuéramos la peste."

César: (cruzado de brazos) "¿Qué esperabas, Yanay? Todos nos han señalado, y con razón. Pero lo que realmente me molesta es que Thiago esté detrás de todo esto, jugando al héroe."

Brutus: (con sarcasmo) "Héroe o no, lo que están haciendo es peligroso para nosotros. Si consiguen apoyo, estamos acabados."

252

Popeye: (golpeando la mesa) "¿Qué propones,
César? ¿Otra denuncia falsa? Porque eso nos ha
salido de maravilla, ¿verdad?"

Yanay: (gruñendo) "Esto no se va a quedar así. De
alguna forma, vamos a recuperar el control. Ya
verán."

Los murmullos de frustración y enojo llenaban la
habitación, mientras cada uno buscaba a quién
culpar por su situación.

Impacto de la Reunión en la Comunidad

Dos días después, BX1 emitió un reportaje sobre la
reunión en Bellini. Las imágenes mostraban a los
vecinos trabajando juntos, compartiendo ideas y
buscando soluciones. El periódico La Capitale
también publicó un artículo titulado: "Un Nuevo
Comienzo para La Gruta".

Los vecinos que no habían asistido comenzaron a
interesarse por las iniciativas lideradas por Thiago
y sus aliados.

Doña Sofía: (leyendo el periódico) "¡Mira esto,
Ernesto! ¡Están transformando La Gruta! Y
nosotros aquí, sin hacer nada."

Don Ernesto: (asintiendo) "Es hora de unirnos.
Esta comunidad necesita un cambio, y parece que
Thiago tiene la fórmula."

La Reacción de los Implicados tras la Emisión

Al ver el reportaje, los implicados en las tramas se sintieron aún más desplazados.

Yanay: (arrojando una revista al suelo) "¡Esos desgraciados! Ahora están en televisión como los salvadores del barrio. Esto es una conspiración contra nosotros."

César: (sarcástico) "Claro, Yanay, porque somos unos angelitos, ¿no? Todo esto es nuestra culpa. No hay forma de escapar de eso."

Brutus: (molesto) "¿Y ahora qué hacemos? Porque si no hacemos algo pronto, nos van a borrar del mapa."

Popeye: (resignado) "No hay mucho que podamos hacer. Lo único que nos queda es evitar meternos en más problemas."

César: (golpeando la mesa) "¡No pienso quedarme de brazos cruzados! Esto no ha terminado."

Mientras tanto, la nueva alianza continuaba trabajando para revitalizar La Gruta, cada vez más cerca de cumplir su objetivo de construir una comunidad unida y transparente.

Thiago: (hablando con Giovanni) "Ellos todavía creen que pueden dividirnos, pero mientras sigamos unidos, no hay nada que puedan hacer."

Giovanni: "Y esta vez, Thiago, La Gruta será lo que siempre debió ser: un hogar para todos."

Capítulo 42: El Juicio Definitivo

El día 15 de mayo de 2026 amaneció con un cielo gris sobre Bruselas, como si la ciudad misma presintiera la gravedad de lo que estaba por ocurrir en La Gruta. Los implicados en la compleja red de delitos y conflictos que durante años habían ensombrecido la comunidad recibieron finalmente la esperada citación judicial. Era un giro decisivo en la lucha por la justicia encabezada por Thiago.

La Citación

El cartero, un hombre corpulento con rostro amable, caminaba por el recinto de La Gruta cargando un fajo de sobres oficiales. A cada paso, su presencia despertaba murmuro entre los vecinos.

Cartero: (llamando a la puerta de César) "Correo certificado. Necesito su firma, señor."

César abrió la puerta con el semblante cansado, pero aún cargado de esa mezcla de arrogancia y temor que lo caracterizaba. Al leer el sobre, su rostro se contrajo en una mueca de incredulidad.

César: (murmurando) "El juicio... finalmente ha llegado."

Mientras el cartero seguía su recorrido, las reacciones en cada hogar reflejaban la tensión acumulada.

Yanay: (gritando desde la ventana) "¡¿Qué es esto?! ¡No puedo creerlo!"

Popeye: (recibiendo el sobre con manos temblorosas) "Esto no pinta nada bien. Nada bien."

Brutus: (abriendo el sobre con furia) "Maldita sea... Esto es un circo. Un maldito circo."

En La Gruta

A medida que las noticias de las citaciones se propagaban, el ambiente en la comunidad se volvió denso, cargado de especulación y murmullos.

Doña Sofía: (hablando con su vecina Elina Ivanova) "¿Has visto? ¡Finalmente van a juzgarlos a todos juntos! Ya era hora de que esto se resolviera."

Elina: (asintiendo) "Thiago ha luchado tanto por esto. Se merece que se haga justicia."

En contraste, los implicados comenzaron a reunirse en pequeños grupos, buscando respuestas y culpables entre ellos.

Yanay: (furiosa) "¡Esto es culpa de César! ¡Si no hubiese empezado con sus juegos, no estaríamos en esta situación!"

Popeye: (defensivo) "¿Y tú qué, Yanay? No eres precisamente inocente. No te olvides de las amenazas y la nota en el buzón de Thiago."

César: (golpeando la mesa) "¡Silencio! Esto no es momento para pelearnos entre nosotros. Tenemos que pensar en cómo salir de esta."

El Día del Juicio: 21 de mayo de 2026

La Gran Sala de los juzgados de Bruselas estaba abarrotada. La prensa se agolpaba en las puertas, aunque no se les permitía el acceso a la sala debido al secreto de sumario decretado por el juez.

Thiago llegó acompañado de su abogada y su hija Valentina. Su expresión era de calma, pero sus ojos reflejaban la determinación de alguien que había esperado mucho tiempo por este día.

Los acusados fueron llegando uno por uno, cada uno acompañado por su respectivo abogado. César lucía visiblemente tenso, con ojeras profundas que traicionaban noches de insomnio. Yanay evitaba el contacto visual con todos, mientras que Brutus y Popeye parecían sumidos en sus propios pensamientos.

El juez, un hombre de semblante severo y voz firme, entró en la sala con una carpeta repleta de documentos. A su lado, el fiscal lucía confiado, con montones de pruebas listas para ser presentadas.

Juez: (golpeando el mazo) "Damos inicio a esta sesión. Recordemos que, por decisión de este tribunal, los casos de los acusados César, Yanay, Popeye y Brutus serán tratados en este proceso unificado, aunque en sesiones separadas. El primer caso será el del señor César."

Los murmullos en la sala cesaron mientras el juez llamaba al fiscal para presentar las pruebas iniciales.

El Caso Contra César

El fiscal comenzó exponiendo la lista de cargos: coacciones, amenazas, injurias, falsificación de pruebas y participación en daños a la propiedad ajena.

Fiscal: "Señoría, las pruebas contra el señor César son contundentes. No solo tenemos grabaciones que lo incriminan, sino también declaraciones de testigos que confirman su participación activa en los hechos."

César intentó mantener la compostura, pero su abogado no pudo ocultar su incomodidad cuando el fiscal reprodujo un fragmento de la grabación en la que César amenazaba a Thiago con "hacerle la vida imposible" si no retiraba las denuncias.

César: (levantándose bruscamente) "¡Eso está sacado de contexto! ¡No fue así como lo dije!"

Juez: (con voz firme) "Señor César, guarde silencio. Tendrá su turno para hablar."

En La Gruta

Mientras tanto, en La Gruta, los vecinos se reunieron en pequeños grupos para comentar los avances del juicio, ansiosos por cualquier novedad.

Mei Ling: (hablando con Giovanni y Hakim) "Esto marcará un antes y un después para la comunidad. Espero que, pase lo que pase, podamos seguir adelante."

Giovanni: "Thiago ha demostrado ser un líder. No importa cuánto intenten desacreditarlo, él siempre encuentra la manera de salir adelante."

Los implicados restantes, por su parte, continuaban reuniéndose en las sombras, temerosos de lo que podría salir a la luz durante las próximas sesiones.

Yanay: (murmurando) "Si César habla de más, estamos acabados."

Popeye: (sarcástico) "¿Y qué más da? Ya estamos hasta el cuello, Yanay."

La Primera Sesión Concluye

La sesión contra César terminó con el juez ordenando un receso antes de pasar al siguiente caso.

Juez: "La evidencia presentada hoy es suficiente para avanzar a la siguiente etapa del juicio. Este tribunal continuará con el caso de la señora Yanay en la próxima sesión, programada para el 23 de mayo."

César salió de la sala con el rostro pálido y una expresión que mezclaba ira y miedo. Thiago, por su parte, mantuvo la calma, sabiendo que este era solo el comienzo del desenlace de una historia que había durado demasiado tiempo.

Las próximas sesiones prometían ser igual de tensas, con cada implicado enfrentando las consecuencias de sus actos en un proceso que no solo determinaría su destino, sino también el futuro de La Gruta.

Capítulo 43: Yanay, Segunda Sesión del Juicio

El 22 de mayo de 2026 amaneció con un clima fresco y nublado sobre Bruselas, pero el ambiente en los alrededores del Palacio de Justicia era cualquier cosa menos tranquila. La prensa local, incluyendo periodistas de BX1 y Le Soir, se agolpaba frente a la entrada, junto con un grupo considerable de vecinos de La Gruta. El levantamiento del secreto de sumario había disparado el interés público en el caso, convirtiéndolo en el tema del momento.

Periodista de BX1: (mirando a la cámara) "Hoy comienza la segunda sesión de este juicio que ha dividido a La Gruta y mantenido en vilo a Bruselas. Esta vez, Yanay, una de las figuras más controversiales del caso, deberá responder ante las acusaciones en su contra."

Mientras tanto, dentro del juzgado, la Gran Sala estaba repleta de observadores, abogados y oficiales judiciales. Yanay llegó acompañada de su abogada, Sophie Declercq, una mujer conocida por su experiencia en casos difíciles.

El Inicio de la Sesión

El juez, Laurent Van Den Broeck, golpeó su mazo para dar inicio a la sesión.

Juez Van Den Broeck: "Damos inicio a la segunda sesión de este juicio. La acusada, Yanay, enfrentará interrogatorios relacionados con los cargos de coacción, amenazas y complicidad en delitos contra la propiedad."

El fiscal, Marie-Louise Dupont, una mujer de mirada incisiva y voz firme, comenzó su interrogatorio con precisión quirúrgica.

Fiscal Dupont: "Señora Yanay, según la evidencia aportada, usted depositó una nota en el buzón del señor Thiago con amenazas directas hacia su integridad y la de su familia. ¿Es cierto?"

Yanay: (nerviosa, mirando a su abogada) "Eso es... completamente falso. Nunca he escrito ni dejado ninguna nota en ningún buzón."

El Testimonio de César

La fiscal llamó entonces a César como testigo, quien llegó visiblemente incómodo al estrado.

Fiscal Dupont: "Señor César, según sus declaraciones previas y las grabaciones aportadas, usted afirmó que fue la señora Yanay quien depositó dicha nota. Le advierto que está bajo juramento, y cualquier falsedad puede agravar su situación."

César evitó el contacto visual con Yanay y respiró profundamente antes de responder.

César: (titubeando) "Sí... sí, es cierto. Yanay fue quien dejó la nota."

Yanay: (levantándose bruscamente) "¡Eso es mentira! ¡César, no puedes decir eso!"

Juez Van Den Broeck: (golpeando el mazo) "¡Orden en la sala! Señora Yanay, guarde silencio hasta que se le otorgue la palabra."

César continuó hablando, detallando cómo había visto a Yanay escribir la nota durante una reunión previa en su casa.

César: "Ella estaba furiosa. Decía que Thiago era un problema y que había que presionarlo para que se marchara."

Yanay, visiblemente afectada, murmuraba entre dientes mientras Sophie Declercq intentaba calmarla.

Testimonios de Otros Vecinos

A continuación, se llamó a testigos adicionales, incluidos varios vecinos que confirmaron haber escuchado a Yanay amenazar a Thiago en otras ocasiones.

Testigo 1 (Mei Ling): "En una reunión comunitaria, Yanay mencionó algo sobre 'darle una lección' a Thiago. Aunque no entendí exactamente a qué se refería, su tono era... inquietante."

Testigo 2 (Samuel Johnson): "Recuerdo que en una conversación en el patio, Yanay me dijo que Thiago estaba destruyendo la paz de La Gruta y que si no se iba, encontraría la manera de sacarlo."

Yanay se hundía cada vez más en su silla mientras los testimonios se acumulaban en su contra.

La Defensa de Yanay

Cuando llegó el turno de la defensa, Sophie Declercq intentó sembrar dudas sobre la evidencia.

Sophie Declercq: "Señoría, mi cliente niega rotundamente haber escrito o depositado esa nota. Además, las declaraciones del señor César, dadas sus propias implicaciones legales, deberían tomarse con precaución. Él tiene motivos claros para desviar la culpa."

Sin embargo, la fiscal Dupont contrarrestó rápidamente.

Fiscal Dupont: "Señoría, las grabaciones y los testimonios presentados confirman un patrón de comportamiento por parte de la acusada. No es un caso aislado. La señora Yanay actuó deliberadamente para hostigar y coaccionar al señor Thiago, utilizando tácticas intimidatorias que afectan no solo a él, sino también a la comunidad."

El Cierre de la Sesión

El juez Van Den Broeck escuchó con atención los argumentos de ambas partes antes de cerrar la sesión.

Juez Van Den Broeck: "Después de analizar las pruebas y escuchar los testimonios, este tribunal tomará en cuenta lo expuesto para emitir un veredicto al final de este proceso. Recordamos que la próxima sesión será el 24 de mayo, en la que se tratará el caso del señor Popeye. Se levanta la sesión."

Yanay salió del tribunal rodeada de cámaras y micrófonos.

Periodista de BX1: "Señora Yanay, ¿cómo responde a las acusaciones en su contra?"

Yanay: (visiblemente alterada) "¡Todo esto es un circo mediático! Soy inocente y lo demostraré."

Mientras tanto, Thiago, acompañado por su hija Valentina, observaba en silencio desde un rincón, satisfecho con el desarrollo del caso.

Regreso a La Gruta

De vuelta en La Gruta, el ambiente era de tensión. Algunos vecinos discutían sobre el caso en grupos pequeños.

Nadia Nowak: "Lo que Yanay hizo es imperdonable. Pero al menos ahora todo está saliendo a la luz."

Hakim Al-Farsi: "Esto es solo el comienzo. Aún quedan más juicios, y cada uno de ellos será revelador."

Por otro lado, Yanay se encerró en su casa, ignorando las miradas de los vecinos y las preguntas de su pareja.

Pareja de Yanay: "¿Qué pasó? ¿Qué dijeron? ¿Qué te preguntaron?"

Yanay: (gritando) "¡Déjame en paz! Esto no tiene nada que ver contigo."

La segunda sesión del juicio había terminado, pero su impacto seguía reverberando en cada rincón de La Gruta, dejando a todos expectantes por lo que vendría después.

Capítulo 44: Popeye a Juicio

El 23 de mayo de 2026 amaneció gris y húmedo, reflejando perfectamente el estado de ánimo de Popeye. A medida que se acercaba al Palacio de Justicia, acompañado por su abogado, el peso de las acusaciones parecía doblarle los hombros. La prensa, que no había perdido interés en el caso de La Gruta, lo esperaba a las puertas del juzgado.

Periodista de BX1: "Señor Popeye, ¿qué tiene que decir sobre los cargos de falsedad, complicidad y otros delitos que se le imputan?"

Popeye: (visiblemente incómodo) "Hoy no voy a hablar. Confío en mi abogado y en la justicia."

Los flashes de las cámaras lo siguieron hasta que desapareció tras las puertas del edificio. En el interior, la atmósfera era tensa. El fiscal, Louis Charpentier, ya estaba preparado, repasando los documentos y pruebas en su mesa.

El Inicio del Juicio

El juez Laurent Van Den Broeck entró en la sala, y todos se pusieron de pie.

Juez Van Den Broeck: "Damos inicio a la tercera sesión de este juicio. El acusado, Popeye, enfrentará cargos relacionados con falsedad en documentos, vandalismo y complicidad en hechos dolosos. Proceda el fiscal."

Fiscal Charpentier: (levantándose) "Gracias, señoría. Señor Popeye, según las pruebas aportadas, usted falsificó una denuncia ante la autoridad de urbanismo para perjudicar al señor Thiago, selló su cerradura en dos ocasiones y, además, fue cómplice en varios actos de hostigamiento liderados por el señor César. ¿Tiene algo que decir al respecto?"

Popeye: (mirando nervioso a su abogado) "Yo... Yo solo seguía órdenes. César me convenció de que Thiago era una amenaza para la comunidad. No pensé que las cosas llegarían tan lejos."

Interrogatorio del Fiscal

El fiscal no perdió tiempo en acorralar a Popeye con preguntas incisivas.

Fiscal Charpentier: "Señor Popeye, ¿es cierto que usted presentó una denuncia falsa ante la autoridad de urbanismo alegando que el señor Thiago había realizado obras ilegales?"

Popeye: (titubeando) "Sí... pero César me dio los detalles. Él dijo que era necesario para proteger La Gruta."

Fiscal Charpentier: "¿Y cómo explica que se hallaron rastros de pegamento Loctite y palillos en las cerraduras del señor Thiago, y que usted fue visto por testigos manipulando la puerta?"

Popeye: (sudando) "Fue un error... pensé que estaba haciendo lo correcto."

Fiscal Charpentier: "¿Sellar una cerradura con pegamento es lo correcto? ¿Perjudicar a un vecino con mentiras también lo es?"

Popeye bajó la cabeza, sin palabras.

Testimonio de Thiago

Thiago fue llamado como testigo y se dirigió al estrado con calma.

Fiscal Charpentier: "Señor Thiago, ¿puede confirmar cómo estos actos le han afectado personalmente?"

Thiago: (con voz firme) "Durante años, estos actos me hicieron sentir acosado e inseguro en mi propio hogar. Tener que cambiar cerraduras, responder a denuncias falsas y enfrentar hostilidad constante no es algo que deba soportar ningún vecino."

Fiscal Charpentier: "¿Qué le diría al acusado?"

Thiago: (mirando directamente a Popeye) "No soy alguien que guarde rencor. Pero las acciones tienen consecuencias. Si realmente siente remordimiento, espero que lo demuestre asumiendo su responsabilidad."

La Defensa de Popeye

El abogado defensor, Étienne Morel, trató de suavizar los cargos contra su cliente.

Étienne Morel: "Señoría, mi cliente es un hombre de familia que fue manipulado por figuras más influyentes en la comunidad. No fue el instigador principal de estos actos y ha mostrado disposición a colaborar con la justicia."

Fiscal Charpentier: (interrumpiendo) "Señoría, las pruebas demuestran que el señor Popeye no solo actuó conscientemente, sino que también fue un colaborador activo en varios actos de hostigamiento. No puede evadir su responsabilidad."

Cierre de la Sesión

Tras varias horas de testimonios y argumentos, el juez Van Den Broeck cerró la sesión.

Juez Van Den Broeck: "El tribunal tomará en cuenta lo expuesto y emitirá un veredicto una vez concluido la última sesión de este juicio. Se levanta la sesión."

Popeye salió del tribunal evitando a la prensa, mientras su abogado trataba de calmarlo.

De Regreso a La Gruta

En La Gruta, los vecinos seguían de cerca los acontecimientos. La noticia del juicio de Popeye llegó rápidamente, y las conversaciones en el patio fueron inevitables.

Aisha Mbeki: "Es increíble cómo la verdad está saliendo a la luz. Siempre pensé que Popeye tenía algo que ocultar."

Hakim Al-Farsi: "Esto no solo afecta a Popeye. La Gruta entera está bajo el escrutinio público. Tenemos que empezar a limpiar nuestra reputación."

En casa de Popeye, la tensión era palpable. Su esposa, Casilda, lo confrontó nada más llegar.

Casilda: (gritando) "¡Esto es una vergüenza! ¿Te das cuenta de lo que has hecho? ¡Nos estás arruinando!"

Popeye: (con voz cansada) "No tienes idea de lo difícil que fue todo esto. Solo trataba de proteger nuestra vida aquí."

Casilda: "¿Protegernos? ¡Has destruido nuestra vida! ¿Y ahora qué? ¿Qué les vamos a decir a nuestras hijas?"

Mientras tanto, en casa de Thiago, la calma reinaba. Él y África analizaban los eventos del día.

Thiago: "Un paso más cerca de la justicia. Solo espero que esto sea una lección para todos en La Gruta."

La sesión de Popeye había dejado a todos expectantes por lo que sucedería en los próximos juicios. El ambiente en La Gruta estaba cargado de tensión, pero también de una esperanza renovada de que, finalmente, la comunidad podría empezar a sanar.

Capítulo 45: Brutus se enfrenta al pasado

El 24 de mayo de 2026 amaneció con un aire de expectativa que cubría La Gruta. La última sesión del juicio había llegado, y Brutus se encontraba en el centro de las miradas. Los vecinos, ansiosos por conocer el desenlace, acudieron en masa al Palacio de Justicia, llenando la sala con murmullos y expresiones de anticipación.

La sala estaba repleta. Entre los asistentes, se encontraba Arturo, el expropietario del 109, quien ya había sido condenado y cumplía con la reparación de los daños causados. A su lado estaba su ex pareja, Elvira, una mujer cuyo carácter frío y manipulador la había llevado a asociarse con Means Cooking, la esposa de Brutus. La presencia de África, la mujer de Thiago, completaba el escenario; siempre observadora, no tardó en captar la tensión que emanaba de Elvira y Means.

Inicio del Juicio

El juez Laurent Van Den Broeck, conocido por su agudeza y paciencia limitada, comenzó la sesión con su característico golpe de martillo.

Juez Van Den Broeck: "Iniciamos la última sesión de este juicio. El acusado, el señor Brutus, enfrentará cargos de daños materiales, confabulación y otros relacionados con el caso de La Gruta. Proceda el fiscal."

Fiscal Louis Charpentier: "Gracias, señoría. Señor Brutus, las pruebas en su contra son numerosas. Huellas de sus zapatos en la puerta del trastero del señor Thiago, testigos que afirman su participación en actos vandálicos y una trama para involucrar al señor Arturo en delitos de los cuales él mismo ha confesado no tener conocimiento. ¿Cómo responde a estas acusaciones?"

Brutus: (con voz temblorosa) "Yo... Yo fui influenciado por César y Yanay. Ellos me convencieron de que Thiago era un problema para la comunidad. Solo quería proteger lo que pensaba que era lo mejor para todos."

El Testimonio de Arturo

El fiscal llamó a Arturo al estrado.

Fiscal Charpentier: "Señor Arturo, ¿puede describir cómo el acusado, el señor Brutus, lo involucró en estas acciones?"

Arturo: (mirando directamente a Brutus) "Me engañaron. Brutus me decía constantemente que Thiago estaba perjudicando a la comunidad. Me convenció de que firmara documentos y aceptara ser autorizado en la cuenta bancaria de la comunidad. Nunca comprobé nada por mi cuenta. Fue un grave error."

Fiscal Charpentier: "¿Alguna vez tuvo contacto directo con el señor Thiago para verificar estas afirmaciones?"

Arturo: (bajando la cabeza) "No. Me dejé llevar por las mentiras de Brutus y los demás. Ahora sé que estuve equivocado, y lo siento profundamente."

Intervención de Elvira

Elvira, llamada como testigo por el juez, subió al estrado con una sonrisa gélida.

Juez Van Den Broeck: "Señora Elvira, se le ha citado debido a su relación con los hechos y su cercanía con los implicados. ¿Qué puede decirnos sobre las acciones del señor Brutus?"

Elvira: (fingiendo inocencia) "Yo nunca participé directamente en nada. Solo escuchaba lo que decía mi pareja en ese entonces. Si él hizo algo, fue bajo su propia responsabilidad."

Desde el fondo de la sala, África cruzó los brazos y murmuró:

África: "Qué conveniente..."

El juez, percibiendo la falta de sinceridad en las palabras de Elvira, le advirtió.

Juez Van Den Broeck: "Señora Elvira, le recuerdo que está bajo juramento. Si oculta información, podría enfrentar consecuencias legales."

Elvira guardó silencio, claramente incómoda.

273

El Testimonio de Means Cooking

Means Cooking, esposa de Brutus, fue llamada a declarar. Mostraba un aire desafiante, pero su actitud fría no impresionó al juez.

Fiscal Charpentier: "Señora Cooking, según declaraciones previas, usted estaba al tanto de las acciones de su esposo. ¿Qué tiene que decir al respecto?"

Means Cooking: "No sabía todo. Pero sí escuché a César y a los demás hablar de Thiago como una amenaza. Admito que apoyé a mi esposo, pero no participé activamente en nada."

Fiscal Charpentier: "¿No participó? Entonces, ¿por qué se encontraron mensajes entre usted y Yanay coordinando actos en contra de Thiago?"

Means Cooking: (mirando al abogado defensor) "No lo recuerdo. Puede que fueran conversaciones fuera de contexto."

Testimonio de Thiago

Thiago, con su habitual calma, fue llamado como testigo.

Fiscal Charpentier: "Señor Thiago, ¿puede describir cómo las acciones del acusado lo afectaron personalmente?"

Thiago: "Durante años, viví en un estado constante de tensión. Mi trastero fue dañado, mi coche arañado, y todo esto como parte de una campaña para acosarme y desprestigiarme. Lo peor no fueron los daños materiales, sino el intento constante de destruir mi paz."

Fiscal Charpentier: "¿Qué espera de este juicio?"

Thiago: "No busco venganza, sino justicia. Espero que quienes participaron en estas acciones asuman su responsabilidad y que podamos avanzar como comunidad."

El Momento Decisivo

Cuando se permitió a Brutus hablar, intentó justificar sus acciones.

Brutus: "Yo solo actué porque creía que Thiago era un problema. Me equivoqué, lo admito. Pero no fui el único. Todos estábamos influenciados por César y Yanay."

El juez lo interrumpió.

Juez Van Den Broeck: "El hecho de que otros también participaran no disminuye su responsabilidad, señor Brutus. Usted tomó decisiones y realizó actos que causaron daño. Eso no puede ser ignorado."

Cierre de la Sesión

Tras horas de testimonios y deliberaciones, el juez cerró la sesión.

Juez Van Den Broeck: "La sentencia para todos los implicados será emitida el próximo lunes. Mientras tanto, los acusados permanecerán bajo las restricciones impuestas."

Al salir del tribunal, los vecinos de La Gruta comenzaron a comentar entre ellos.

Hakim Al-Farsi: "Parece que finalmente se hará justicia."

Nadia Nowak: "Sí, pero qué daño tan grande le han hecho a nuestra comunidad. Ojalá podamos recuperarnos de esto."

En casa, Brutus enfrentó una dura conversación con Means Cooking.

Means Cooking: (gritando) "¡Nos has hundido! ¿En qué estabas pensando? ¡Ahora todos saben lo que hiciste!"

Brutus: (abatido) "No lo hice solo. Todos participaron. ¿Por qué yo soy el único que enfrenta esto?"

Means Cooking: "¡Porque tú fuiste el que dejó rastros! ¡Siempre fuiste un idiota para esto!"

Mientras tanto, Thiago y África compartieron una tranquila cena, reflexionando sobre cómo la verdad estaba saliendo a la luz.

África: "Uno menos. Ahora solo queda esperar la sentencia."

Thiago: "Sí, y cuando todo esto termine, será hora de empezar a reconstruir de verdad."

La última sesión había marcado un punto de no retorno para Brutus y los demás implicados. La comunidad esperaba ansiosa el próximo lunes, cuando el juez emitiría su sentencia definitiva, un momento que definiría el futuro de La Gruta.

Capítulo 46: Vuelta de Tuerca en el Caso

El 25 de mayo, el teléfono de Thiago sonó temprano en la mañana. La voz al otro lado era la del Fiscal Charpentier, quien sonaba firme pero apresurado.

Fiscal Charpentier: "Thiago, necesito que venga a mi despacho de inmediato. Es urgente y no puede esperar."

Thiago, sin hacerse de rogar, se preparó y salió hacia el Palacio de Justicia en Bruselas. Aunque intuía que la llamada tenía relación con los juicios en curso, no podía prever la magnitud de lo que estaba a punto de escuchar.

En el Despacho del Fiscal Charpentier

Thiago entró al despacho del fiscal, donde lo esperaba Charpentier con un expediente voluminoso sobre su escritorio. El fiscal se levantó, con una expresión seria que Thiago ya había aprendido a reconocer.

Fiscal Charpentier: "Thiago, tras revisar minuciosamente los documentos y testimonios del juicio penal que enfrentaste el año pasado, me he encontrado con algo sumamente grave. La señora Means Cooking mintió durante su declaración al acusarte falsamente de empujarla por las escaleras con sus hijas. Además, simuló un ataque de ansiedad para reforzar sus acusaciones. Todo esto estuvo apoyado por un informe médico que, tras investigar, ha resultado cuestionable."

Thiago asintió lentamente, procesando lo que escuchaba.

Thiago: "Siempre sospeché que ese informe era parte del montaje, pero no tenía cómo demostrarlo."

Fiscal Charpentier: "Ahora tenemos pruebas. La doctora Sophie Lambert, quien emitió el informe, admitió que lo hizo como un favor personal a Means Cooking. Al parecer, la señora Lambert y Means tienen una relación previa. Estamos ante un caso de falso testimonio y simulación de delito. Te pregunto directamente: ¿estás dispuesto a interponer una denuncia formal contra ella?"

Thiago reflexionó unos instantes, consciente de las posibles repercusiones.

Thiago: "¿Esto no agravará aún más las tensiones en la comunidad? Ya hay suficientes problemas."

Charpentier lo miró con firmeza.

Fiscal Charpentier: "Thiago, la justicia no se guía por el miedo a las repercusiones. La señora Means Cooking intentó arruinar tu vida con mentiras. Es nuestro deber asegurarnos de que enfrente las consecuencias."

Tras unos segundos de silencio, Thiago tomó aire y respondió.

Thiago: "Está bien. Procedamos."

El Escrito al Juez Van Den Broeck

Ese mismo día, el fiscal Charpentier presentó un escrito al juez Laurent Van Den Broeck, solicitando un juicio rápido contra Means Cooking. En el escrito, detalló los cargos de falso testimonio y simulación de delito, además de pedir la inhabilitación temporal de la doctora Lambert, quien había violado su ética profesional.

El juez aceptó la solicitud y citó a ambas partes para un juicio rápido el 26 de mayo. Además, ordenó que la doctora Lambert compareciera nuevamente para testificar sobre las circunstancias del informe médico.

La Reacción de Means Cooking y Brutus

279

Cuando Means Cooking recibió la citación judicial, quedó atónita. Brutus, al enterarse, no pudo ocultar su frustración.

Brutus: "¡Te lo dije! Te advertí que esto era un camino peligroso. Ahora todo está saliendo a la luz."

Means Cooking: (furiosa) "¡No es mi culpa! Todo esto es culpa de Thiago. ¡Es un manipulador que nos está arruinando!"

Brutus: (sarcástico) "Claro, la culpa siempre es de otro. Pero explícame algo: ¿cómo piensas defenderte de una mentira que ya confesó la doctora Lambert?"

Means Cooking: "¡Haré lo que sea necesario! No voy a dejar que me pisoteen."

El Juicio Rápido de Means Cooking

El 26 de mayo, la sala del tribunal estaba llena. Aunque este juicio era un procedimiento aparte, la atención mediática seguía siendo intensa. Thiago, acompañado por su abogada, observaba con calma mientras Means Cooking entraba visiblemente nerviosa, tratando de mantener una apariencia de compostura.

El fiscal Charpentier abrió el caso con contundencia, presentando pruebas claras de que Means Cooking había mentido en el juicio de 2025 y que el informe médico era falso.

Fiscal Charpentier: "Señoría, presentamos evidencia irrefutable de que la acusada fabricó su testimonio. Además, la doctora Sophie Lambert, quien emitió el informe médico, ha admitido que actuó bajo presión y sin realizar una evaluación clínica."

La doctora Lambert, citada como testigo, confesó:

Dra. Lambert: "La señora Cooking me pidió ayuda. Sabía que yo era doctora y madre de estudiantes de la Universidad Libre de Bruselas, donde ella impartía clases. Me habló de su situación y accedí a emitir el informe sin hacer una evaluación adecuada. Fue un error grave, lo admito."

Cuando llegó el turno de Means Cooking, intentó defenderse.

Abogada de Means: "Mi cliente estaba bajo un estrés extremo. Creyó que sus acciones eran necesarias para protegerse. Pido indulgencia debido a su estado emocional en ese momento."

El juez Van Den Broeck no se dejó impresionar.

Juez Van Den Broeck: "Señora Cooking, la justicia no puede basarse en emociones, sino en hechos. Sus acciones no solo intentaron incriminar a un inocente, sino que también socavaron la integridad de este tribunal."

La Sentencia

Esa misma tarde, el juez dictó sentencia:

1. Inhabilitación temporal de Means Cooking como catedrática por un período de cinco años.

2. Una multa sustancial por los cargos de falso testimonio y simulación de delito.

3. Una disculpa pública a Thiago en los medios locales.

Además, la doctora Lambert fue inhabilitada temporalmente para ejercer la medicina por un período de dos años debido a su participación en el caso.

Reacciones en La Gruta

Cuando la noticia llegó a La Gruta, las reacciones fueron mixtas. Algunos vecinos se indignaron aún más con Means Cooking, mientras que otros comenzaron a distanciarse de ella y de Brutus.

Hakim Al-Farsi: "Esto es una vergüenza. ¿Cómo pensaron que podrían salirse con la suya?"

Giovanni Bellini: "Thiago está demostrando que la verdad siempre gana. Quizás sea hora de que todos aquí reflexionemos sobre nuestras acciones."

Mientras tanto, en la casa de Brutus y Means Cooking, la tensión era palpable.

Brutus: "¿Y ahora qué, Means? ¿Qué más va a salir a la luz? Ya ni puedo caminar por La Gruta sin sentir las miradas de todos."

Means Cooking: (desesperada) "¡Cállate! Lo resolveré. Ya lo verás."

El Reconocimiento de Thiago

Al salir del tribunal, Thiago fue abordado por periodistas de BX1 y Le Soir.

Periodista: "Señor Thiago, ¿cómo se siente después de esta sentencia?"

Thiago: (sereno) "Es un paso más hacia la justicia. Lo único que busco es que prevalezca la verdad."

Con cada juicio, la trama de mentiras tejida contra Thiago se desmoronaba, dejando claro que incluso los actos más oscuros no podían ocultarse para siempre.

Capítulo 47: La Sentencia del Grupo

30 de mayo de 2026
El Palacio de Justicia de Bruselas estaba rodeado por un despliegue policial sin precedentes. El juez Laurent Van Den Broeck, consciente de la atención mediática y la tensión social que rodeaban el caso, había ordenado limitar el acceso al juicio. Solo un medio televisivo, BX1, y un diario local, Le Soir,

fueron autorizados a cubrir el evento desde una
sala de prensa anexa.

Dentro del tribunal, las partes implicadas, los
abogados y un grupo reducido de vecinos estaban
presentes. La sala estaba impregnada de un
silencio pesado, roto solo por el murmullo
ocasional de los agentes judiciales y los clics de las
cámaras de los reporteros acreditados. Thiago,
acompañado por África y su hija Valentina,
ocupaba un lugar prominente. Frente a él estaban
los acusados: César, Yanay, Brutus, Popeye y sus
respectivas parejas.

El juez entró en la sala con el expediente en la
mano, seguido por el fiscal Charpentier. La tensión
era palpable, y cada rostro reflejaba una mezcla de
nerviosismo y resignación.

Inicio de la Sentencia

El juez Van Den Broeck comenzó con un tono
solemne, su voz resonando en la sala.

Juez Van Den Broeck: "Después de un análisis
exhaustivo de los hechos, las pruebas presentadas y
los testimonios recogidos, este tribunal ha llegado
a una decisión. Procederé a leer las sentencias,
comenzando por los delitos menos graves."

1. Popeye

El juez se dirigió directamente a Popeye, quien
evitaba mirar al frente.

Juez Van Den Broeck: "Señor Popeye, usted ha
sido encontrado culpable de los siguientes cargos:

- Falsedad en denuncia administrativa, por
  presentar informes falsos al departamento
  de urbanismo de Bruselas.

- Vandalismo, por sellar con pegamento y
  objetos punzantes las cerraduras de las
  propiedades del señor Thiago en dos
  ocasiones.

En virtud del artículo 534 del Código Penal Belga,
se le impone una pena de 6 meses de prisión con
suspensión de condena, condicionado a la
realización de 150 horas de servicios comunitarios y
al pago de una multa de 2.500 euros, además de
indemnizar al señor Thiago con 3.000 euros por
daños y perjuicios."

Popeye bajó la cabeza, susurrando algo a su
abogado. El murmullo en la sala era evidente, pero
el juez mantuvo el control.

2. Brutus

Juez Van Den Broeck: "Señor Brutus, este tribunal
le encuentra culpable de:

- Vandalismo, por causar daños en los
  trasteros del señor Thiago.

- Daños materiales intencionados, al rayar y dañar el vehículo del denunciante.

- Complicidad, al influir y manipular a otros vecinos para actuar contra el señor Thiago.

Según los artículos 534 y 538 del Código Penal Belga, se le condena a 9 meses de prisión condicional y al pago de 4.000 euros por los daños causados, además de los costes judiciales. Asimismo, deberá cumplir con 200 horas de servicios comunitarios y someterse a un programa obligatorio de mediación y resolución de conflictos."

Brutus apretó los puños, furioso, mientras su esposa, Means Cooking, parecía contener las lágrimas.

3. Yanay

Juez Van Den Broeck: "Señora Yanay, los cargos en su contra son graves:

- Amenazas y coacciones, por depositar una nota amenazante en el buzón del señor Thiago, lo cual causó un daño emocional evidente.

- Complicidad activa, en actos de difamación y acoso hacia el denunciante.

En virtud del artículo 442 del Código Penal Belga, se le condena a 12 meses de prisión condicional, además de una multa de 3.000 euros y la obligación de realizar 100 horas de servicios comunitarios. También deberá asistir a un curso de reeducación sobre convivencia comunitaria."

Yanay, visiblemente afectada, intentó protestar, pero su abogado la detuvo.

4. César

La sala quedó en silencio absoluto cuando el juez se dirigió a César, cuya actitud desafiante se había esfumado.

Juez Van Den Broeck: "Señor César, este tribunal le encuentra culpable de los siguientes delitos:

- Chantaje, al condicionar el acceso del señor Thiago a servicios comunitarios básicos a cambio de retirar denuncias previas.

- Incitación al odio y manipulación, al organizar y liderar una campaña de acoso sistemático contra el denunciante.

- Intento de agresión con arma blanca, por el ataque ocurrido en la vivienda del señor Thiago.

Dado que estos actos constituyen una grave amenaza al orden público y la convivencia, se le condena a:

1. 18 meses de prisión efectiva.

2. El pago de una indemnización de 10.000 euros al señor Thiago por daños psicológicos y físicos.

3. La prohibición de ocupar cargos en comunidades de propietarios o asociaciones durante un período de 10 años.

Además, deberá cumplir con un programa de rehabilitación obligatorio antes de cualquier revisión de su condena."

César, quien hasta ese momento había mantenido cierta compostura, se hundió en su silla, incapaz de articular palabra.

Reacciones en la Sala

Tras la lectura de las sentencias, la sala explotó en murmullos. Algunos vecinos de La Gruta celebraban en silencio, mientras otros observaban con rostros sombríos.

Valentina: (susurrando a África) "Papá lo logró. Al fin hay justicia."

África: "Sí, pero este es solo el comienzo. Ahora debemos sanar como comunidad."

Mientras tanto, los acusados abandonaron la sala entre miradas de reproche y murmullos de desaprobación. César, escoltado por agentes judiciales, evitó cualquier contacto visual con los periodistas que aguardaban fuera.

Repercusiones en La Gruta

La noticia de las sentencias recorrió La Gruta como pólvora. Vecinos que antes habían permanecido neutrales comenzaron a distanciarse de los acusados. Thiago, por su parte, se convirtió en un símbolo de resistencia y justicia para muchos.

Giovanni Bellini: "Al final, la verdad siempre prevalece. Es un alivio ver que se ha hecho justicia."

Hakim Al-Farsi: "Thiago ha demostrado que no debemos temer al cambio. Ahora es nuestro turno de reconstruir la comunidad."

Un Paso Hacia el Futuro

Con las sentencias dictadas, La Gruta entró en una nueva etapa. Si bien las heridas aún estaban frescas, la comunidad comenzaba a mirar hacia adelante, dispuesta a trabajar por un futuro mejor, libre de rencores y divisiones.

Thiago, rodeado de su familia y los vecinos que lo apoyaban, sonrió al ver cómo La Gruta, su hogar, finalmente encontraba el camino hacia la paz.

Capítulo 48: El Día Después

31 de mayo de 2026

La mañana siguiente al juicio amaneció nublada en Bruselas, reflejando el ánimo sombrío de los declarados culpables. En la sala de estar de la casa de Yanay, se reunieron los implicados: Yanay, Brutus, Popeye y César, acompañados por sus respectivos abogados. La tensión era palpable, y el silencio se rompía solo por los murmullos nerviosos o los clics del reloj que colgaba de la pared.

César: (rompiendo el silencio) "Esto es ridículo. Si recurrimos, hay una posibilidad de que amplíen nuestras penas. ¿Vale la pena arriesgarnos más?"

Popeye: (mirando a su abogado) "Él tiene razón. ¿Qué posibilidades reales tenemos de que la Audiencia Provincial reduzca nuestras condenas?"

Abogado de Popeye: (tras aclararse la garganta) "Las probabilidades no son alentadoras. La sentencia está bien fundamentada, y el juez fue muy claro en su razonamiento. Un recurso podría salir contraproducente, especialmente considerando la gravedad de los hechos y la cantidad de pruebas aportadas."

Yanay: (visiblemente nerviosa, golpeando la mesa con los dedos) "¿Entonces qué? ¿Aceptamos esto así como así? ¿Y nuestra dignidad?"

Brutus: (con una risa amarga) "¿Dignidad? Yanay, hace tiempo que perdimos eso. Yo solo quiero acabar con esto. No pienso pasar el resto de mi vida revolcándome en más problemas legales."

César Toma una Decisión

César, con el rostro pálido y las manos temblorosas, permaneció en silencio durante un rato, observando las caras de sus antiguos cómplices. Finalmente, tomó una decisión.

César: "No voy a recurrir. Me han condenado, y sé que lo merezco. Dejaré que esto termine de una vez por todas. Es hora de enfrentar mis actos."

La sala quedó en silencio ante sus palabras. Incluso Yanay, siempre combativa, pareció perder fuerza.

Yanay: (susurrando) "¿Vas a ir a la cárcel sin pelear?"

César: "Sí, Yanay. Ya he peleado suficiente, y mira dónde estoy. Me he quedado sin familia, sin amigos... ¿para qué seguir luchando? Ingresaré voluntariamente en la prisión de Forest, antes de que llegue la orden judicial."

Popeye: (mirándolo fijamente) "Doce meses, ¿no? Con buena conducta podrías salir en ocho. Es duro, César, pero quizás sea lo mejor."

César: (asintiendo) "Sí, doce meses. Pero al menos, con esto, mi familia no tendrá que pasar por más humillaciones en los tribunales."

El Debate en el Grupo

Abogado de Yanay: "Señora Yanay, ¿ha considerado seriamente recurrir? Su condena no incluye prisión efectiva. Podría concentrarse en cumplir con los servicios comunitarios y tratar de reconstruir su vida."

Yanay: (frustrada) "¿Reconstruir mi vida? Toda esta comunidad me ve como una paria, y todo por ese maldito Thiago. ¡No puedo soportar esto!"

Brutus: "Yo tampoco voy a recurrir. Estoy cansado de esto, Yanay. Tal vez sea hora de aceptar lo que hicimos y tratar de seguir adelante, aunque eso signifique asumir nuestras culpas."

Yanay: (mirando a todos) "¡Cobardes! ¡Eso es lo que sois! Yo... yo..."

Abogado de Yanay: (interrumpiéndola con calma) "Señora Yanay, si recurre, podría enfrentarse a una revisión que agrave su condena. Piénselo bien. A veces aceptar es el primer paso para cambiar."

César se Despide de Su Familia

Al regresar a su casa, César comenzó a preparar sus cosas. Habló con su esposa, Florinda, quien acudió a verlo para hablar por última vez antes de su ingreso en prisión.

Florinda: "César, ¿estás seguro de esto? No me malinterpretes, creo que es lo correcto... pero me cuesta verte así."

César: (suspirando) "Florinda, he cometido tantos errores que ya no puedo pedirte más. Si alguna vez quieres volver conmigo, será porque he cambiado. Pero por ahora, esto es lo único que puedo hacer para empezar a redimirme."

Los hijos de César, Pablo y Ana, también acudieron. Pablo lo enfrentó con lágrimas en los ojos.

Pablo: "Papá, nunca entendí por qué hiciste lo que hiciste. Pero quiero que sepas que, aunque no apruebo lo que pasó, todavía eres mi padre."

Ana: (llorando) "Espero que este tiempo te haga cambiar, papá. Pero tienes que demostrarlo. Ya no valen las palabras."

Una Última Visita a Sus Padres

César visitó a sus padres, José y Manuela, en su casa en Vilvoorde, un pueblo cercano a Bruselas. Manuela, abatida por la situación, apenas podía hablar, y José, con lágrimas en los ojos, admitió su propia culpa.

José: "Hijo, yo también tuve mi parte. Me dejé llevar por el odio y el rencor. Pero ahora veo que solo destruimos nuestra familia. Lo siento tanto."

César: "Papá, ya no hay vuelta atrás para ninguno de nosotros. Pero prometo salir de esto como una mejor persona."

En La Gruta

Mientras César se despedía, en La Gruta los vecinos discutían acaloradamente sobre las sentencias.

Hakim Al-Farsi: "¿Sabéis qué es lo triste? Que hasta ahora no se dieron cuenta de lo que estaban destruyendo."

Giovanni Bellini: "Es una lección para todos nosotros. Espero que aprendamos algo de esto."

El Ingreso de César en Prisión

El 7 de junio de 2026, César se presentó voluntariamente en la prisión de Forest. Su ingreso fue discreto, sin presencia de prensa ni vecinos. Con el tiempo, intentaría adaptarse a su nueva realidad, buscando una forma de redimirse en la soledad de la cárcel.

Mientras tanto, con la llegada del verano, nuevos aires comenzaban a soplar en La Gruta, marcando el inicio de una etapa llena de esperanza y reconstrucción.

Capítulo 49: La Vida Carcelaria de César

Los primeros días de César en la prisión de Forest fueron un infierno personal. Confinado en el módulo de reclusos no peligrosos, su mente estaba llena de remordimientos y recuerdos que lo acosaban constantemente. Se sintió pequeño e insignificante entre los muros grises, rodeado de reclusos que, como él, enfrentaban las consecuencias de sus actos.

El apoyo psicológico que recibió fue crucial para evitar que se hundiera en la desesperación. Un psicólogo penitenciario, Dr. Laurent Dupont, lo ayudó a verbalizar sus emociones y a reconocer que, aunque no podía cambiar el pasado, podía trabajar en ser una mejor persona.

Dr. Dupont: (durante una sesión) "César, lo importante no es cuánto has caído, sino qué haces para levantarte. Esto no será fácil, pero cada paso cuenta."

César: (mirando al suelo) "¿Y si ya es demasiado tarde? Perdí a mi familia... y a mí mismo."

Dr. Dupont: "Tu familia no está perdida. Todavía tienes la oportunidad de demostrar que has cambiado. Pero eso comienza aquí, contigo mismo."

Adaptación y Nuevas Amistades

Pasada una semana, César comenzó a adaptarse a su nueva vida. Se ofreció como voluntario para trabajar en la biblioteca del módulo, organizando los libros y ayudando a otros reclusos a encontrar lecturas que los mantuvieran ocupados. Fue en la biblioteca donde conoció a Leopoldo, un bibliotecario que cumplía condena por haber golpeado a su esposa durante una discusión bajo los efectos del alcohol.

Leopoldo: (extendiendo la mano) "Soy Leopoldo. Bienvenido a nuestra pequeña familia. Aquí tratamos de mantener la cabeza ocupada. Si necesitas algo para leer, dilo."

César: (con un intento de sonrisa) "Gracias... no estoy acostumbrado a esto."

Leopoldo: "Nadie lo está, amigo. Pero créeme, si dejas que este lugar te trague, no hay vuelta atrás."

Junto a Leopoldo, conoció a Guillermo, un irlandés que había intentado robar una cafetería armado solo con un palo, y a François, un perito que se dio a la fuga tras atropellar a una persona y dejarla gravemente herida.

Guillermo: (con su característico humor sarcástico) "Así que tú eres el tipo que lideraba una especie de guerra de vecinos, ¿eh? Te imagino con un megáfono gritando órdenes."

César: (suspirando) "Más bien fue mi ego el que lideró todo. Mira dónde me trajo."

François: (serio) "Aquí todos tenemos nuestra historia, César. Lo importante es qué hacemos con nuestro tiempo ahora."

Historias de Vida

Mientras trabajaban en la biblioteca y la cocina, los hombres comenzaron a compartir sus historias.

Leopoldo: "Yo era bibliotecario en un pequeño pueblo cerca de Namur. Amaba mi trabajo, pero... era un hombre terco, bebía mucho. Una noche discutí con mi esposa y... perdí el control. Le pegué. Es algo que nunca me perdonaré, pero estoy trabajando para recuperar su confianza. Ella todavía me visita, y mi hija también. Eso me da fuerza."

Guillermo: "Mi historia es menos poética. Soy irlandés, llegué a Bruselas buscando un nuevo comienzo, pero las deudas me alcanzaron. Intenté atracar una cafetería con un palo, pensando que sería fácil. Spoiler: no lo fue. Al menos, mis padres todavía me envían cartas. Son mi conexión con el mundo."

François: (con la mirada baja) "Yo era un profesional respetado, pero una noche, después de beber más de la cuenta, atropellé a alguien. En lugar de ayudar, huí como un cobarde. La persona sobrevivió, pero quedó con secuelas. Ahora trabajo en la cocina, tratando de redimirme con cada plato que preparo."

César escuchaba con atención. Comparaba sus historias con la suya y comenzaba a entender que todos llevaban una carga pesada, pero que era posible redimirse si se tomaban los pasos correctos.

En La Gruta

Mientras César trataba de encontrar sentido a su vida dentro de la prisión, La Gruta comenzaba a recuperar su ritmo. Los vecinos colaboraban en la jardinería, arreglando los jardines afectados por la tormenta, y algunos organizaban reuniones para planificar mejoras en el complejo.

En la casa de Thiago, los preparativos para un viaje a Roma estaban en marcha.

África: "Thiago, ¿crees que todo esto por fin quedará atrás? La Gruta ha cambiado mucho, pero siento que todavía hay cicatrices."

Thiago: "Las cicatrices nunca desaparecen del todo, pero son un recordatorio de lo que superamos. Roma será un buen descanso para todos nosotros."

Mientras tanto, en otras casas, los vecinos hacían planes para el verano.

Nadia y Tomasz Nowak cuidaban el jardín comunitario, plantando flores para devolverle vida al espacio compartido.

Mei Ling, entre sus estudios de biología molecular, ayudaba a los hermanos Moreau con la panadería, organizando un pequeño evento para la comunidad en el que ofrecerían panes y pasteles recién horneados.

Tensión en la Casa de Brutus y Means Cooking

Mientras muchos celebraban el inicio del verano, en la casa de Brutus y Means Cooking, la tensión era palpable.

Brutus: "¡Esto es ridículo! César se adapta a la prisión, y nosotros aquí, tratando de seguir adelante con este maldito estigma."

Means: "No hables como si fueras una víctima, Brutus. Sabías exactamente lo que estabas haciendo, y ahora estamos pagando las consecuencias."

Brutus: "¡Claro, como si tú no fueras parte de todo esto! Fuiste tú quien me convenció de que siguiéramos con la mentira del juicio."

Los gritos podían oírse desde el patio, y algunos vecinos sacudían la cabeza, lamentando que no todos parecían haber aprendido la lección.

César Encuentra un Propósito

En la prisión, César encontró en la biblioteca un refugio y un propósito. Ayudaba a organizar clubes de lectura y escribía cartas para otros reclusos que no sabían cómo expresar sus sentimientos a sus familias.

Un día, mientras escribía una carta para un recluso, pensó en su propia familia. Tomó papel y bolígrafo y comenzó a escribir:

"Querida Florinda,
No espero que me perdones, pero quiero que sepas

*que estoy trabajando en ser alguien mejor. Sé que
no puedo recuperar el tiempo perdido, pero quiero
que sepas que pienso en ti, en Pablo y en Ana
todos los días..."*

Era un paso pequeño, pero significativo, hacia su
redención.

El Verano Llega a La Gruta

Con la entrada del verano, La Gruta comenzaba a
llenarse de vida nuevamente. Los vecinos que
quedaban planeaban un festival comunitario para
reforzar los lazos y dejar atrás los días oscuros.

Thiago, mientras tanto, miraba el horizonte con
optimismo. Roma estaba cerca, pero el verdadero
viaje era el que La Gruta había emprendido: uno
hacia la reconciliación y la esperanza.

Capítulo 50: Llegan las Vacaciones Estivales

El verano de 2026 traía consigo un aire diferente a
La Gruta. La comunidad, que había atravesado una
tormenta literal y figurativa, comenzaba a sentir los
primeros destellos de tranquilidad. Las cicatrices
aún estaban presentes, pero el deseo de renacer era
más fuerte. Los vecinos, ansiosos por un merecido

descanso, se preparaban para disfrutar de las vacaciones estivales.

Los Viajeros y Sus Destinos

Mei Ling, emocionada por su viaje a Sevilla, pasaba los últimos días preparando su maleta.

Mei Ling: (hablando con Thiago) "Siempre he querido conocer Andalucía, y ahora tengo la oportunidad de ver la arquitectura, probar la comida y... bueno, visitar a mi amigo. Él dice que Sevilla es mágica."

Thiago: (sonriendo) "Te encantará. Pero no olvides el protector solar, el verano en Sevilla no tiene piedad."

Por su parte, Giovanni Bellini también estaba listo para volver a su Italia natal. Visitaba a su hermana Laura y a su cuñado Francesco en un pequeño pueblo de la Toscana.

Bellini: (hablando con Nadia Nowak) "No hay nada como el verano en Italia, con viñedos interminables y la pasta hecha por mi hermana. Pero no te preocupes, dejaré a alguien encargado del restaurante. ¡No quiero que la comunidad pase hambre!"

Hakim Al-Farsi, siempre inquieto y lleno de planes, había reservado un viaje para explorar el norte de Europa y visitar algunos socios potenciales para su empresa tecnológica.

Hakim: (en una conversación con Aisha Mbeki) "Siempre quise visitar los fiordos noruegos. Es un buen momento para desconectar un poco del trabajo... aunque, siendo sincero, siempre llevo algo entre manos."

Mientras tanto, Thiago y su familia ultimaban los detalles de su viaje a Roma.

África: "¿Crees que por fin podremos relajarnos? Parece que cada vez que planeamos algo, surge una tormenta... literal o figurativa."

Thiago: "Esta vez será diferente. Roma nos espera, y creo que todos necesitamos un respiro."

Con la mayoría de los vecinos planeando viajes, La Gruta quedaría medio vacía. Solo algunos se quedarían: Doña Clara y Don Gregorio, un matrimonio de avanzada edad que prefería disfrutar de la calma del verano desde su jardín, y Doña Emilia, una viuda que encontraba placer en leer bajo los árboles.

Doña Clara: "A nuestra edad, los viajes son para los jóvenes. Nosotros hemos recorrido bastante mundo, y la tranquilidad que da quedarse en casa no tiene precio."

Doña Emilia: "Exacto. Además, alguien tiene que cuidar la comunidad mientras todos están fuera. Confío en que Gregorio no deje que las plantas mueran mientras yo leo."

La Reconstrucción Social: Reunión de Perdón

Mientras la mayoría de los vecinos pensaban en descanso, los condenados por los conflictos pasados decidieron dar un paso inusual. Con la mediación de Asuntos Sociales, organizaron una reunión para solicitar públicamente el perdón de Thiago y de la comunidad. La iniciativa sorprendió a muchos, pero también fue vista como un esfuerzo necesario para sanar las heridas.

En la reunión, que se celebró en la sala comunitaria, estuvieron presentes Thiago, África, algunos vecinos, y la prensa local. BX1 y el periódico Le Soir enviaron reporteros para cubrir el evento, que había generado expectativas.

Yanay: (hablando con voz temblorosa) "Sé que mis acciones fueron injustificables. No puedo borrar lo que hice, pero quiero que sepan que estoy realmente arrepentida. Thiago, espero que algún día puedas perdonarme."

Popeye: (mirando al suelo, con voz grave) "Fui débil. Dejé que otros me manipularan y, en lugar de usar mi criterio, seguí órdenes. No puedo hacer otra cosa que pedir perdón... no solo a Thiago, sino a toda la comunidad."

Brutus: (con seriedad) "Yo fui quien causó daños a tus trasteros y a tu coche, Thiago. Lo hice porque no quería enfrentarme a la verdad. Hoy, quiero pedirte disculpas, cara a cara."

La atmósfera era tensa, pero llena de emoción. Los vecinos presentes murmuraban entre ellos, asombrados por la sinceridad de las palabras.

Thiago: (levantándose con calma) "No fue fácil para mí soportar años de acoso, ni tampoco lo es estar aquí hoy. Pero creo que el perdón es una parte importante de nuestra sanación, como individuos y como comunidad. No puedo hablar por todos, pero acepto sus disculpas y espero que este sea el comienzo de algo mejor para todos."

La declaración de Thiago generó aplausos y algunas lágrimas en los presentes. La prensa capturó el momento, y las imágenes y declaraciones fueron transmitidas esa misma noche.

César y Sus Cambios

Mientras tanto, César continuaba su proceso de cambio en la prisión. Con la ayuda de sus compañeros, había comenzado a trabajar en la cocina del penal y organizaba actividades de lectura en la biblioteca. Sus visitas familiares le daban fuerza para seguir adelante.

Florinda: (durante una visita) "César, no esperaba ver este cambio en ti. Pero estoy orgullosa de que estés haciendo algo positivo con este tiempo."

César: "Solo espero que algún día podamos ser una familia otra vez. Sé que tomará tiempo, pero estoy dispuesto a hacer lo que sea necesario."

Pablo: (mirándolo directamente) "Papá, no me importa dónde estés, mientras sigas luchando por ser alguien mejor. Estoy aquí por ti."

Un Nuevo Comienzo en La Gruta

Con la entrada del verano, La Gruta parecía un lugar diferente. Los jardines florecían nuevamente gracias al trabajo colectivo, y el ambiente se llenaba de risas y conversaciones. Los vecinos que quedaban comenzaron a planificar actividades para mantener la unión.

Mei Ling: (hablando antes de partir a Sevilla) "Creo que este lugar tiene mucho potencial. Si seguimos trabajando juntos, La Gruta puede ser un modelo de comunidad para otros."

Thiago: "No tengo duda de eso. Pero depende de todos, no solo de unos pocos."

Mientras el sol brillaba sobre La Gruta, los vecinos se preparaban para un verano de descanso y reflexión. Por primera vez en años, la comunidad sentía que estaba dejando atrás el peso del pasado, lista para abrazar un futuro lleno de posibilidades.

Capítulo 51: Thiago se va de vacaciones a Roma

El 15 de julio de 2026, Thiago, África y Valentina llegaron a Roma, listos para un descanso después de años de tensiones. Su vuelo desde Bruselas aterrizó puntualmente en el Aeropuerto Leonardo da Vinci. Desde allí, un taxi los llevó al elegante Hotel Artemide, situado en la Via Nazionale, a un paso de la estación Termini.

África: (mirando por la ventana del taxi) "Thiago, mira esas calles. Cada rincón parece tener siglos de historia."

Valentina: "¡Y esas cúpulas! Papá, quiero verlo todo. ¿Cuándo empezamos?"

Thiago: "Mañana mismo. Hoy, un buen descanso y luego comenzamos a explorar."

El Hotel Artemide, con su arquitectura clásica y modernas comodidades, ofrecía una terraza con vistas espectaculares de la ciudad, un lugar perfecto para planear sus días.

Explorando Roma: Día 1

Santa María la Mayor y Termini

La primera mañana comenzó con un paseo hacia la imponente Basílica de Santa María la Mayor, una de las iglesias más antiguas de Roma y situada cerca de su hotel. La familia quedó maravillada por los mosaicos dorados y la serenidad del lugar.

África: "Es increíble que algo tan hermoso esté tan cerca. Es como un museo abierto."

Luego caminaron hasta la estación de Termini, no solo para admirar su gran estructura, sino también para recoger boletos para una excursión planeada a Florencia.

Thiago: (señalando los andenes) "Esta estación es un centro neurálgico. Mira cuántos trenes parten hacia otros destinos: Milán, Venecia, Nápoles... Es fascinante."

Fontana di Trevi

Por la tarde, visitaron la famosa Fontana di Trevi. Thiago les recordó la tradición de tirar una moneda para asegurar su regreso a Roma.

Valentina: (tirando su moneda) "Papá, quiero volver aquí cada año. Roma es mágica."

África: "¿Sabías que las monedas se recogen para ayudar a los más necesitados? Es una tradición con propósito."

En un café cercano, disfrutaron de granitas de limón y espresso mientras descansaban y observaban a los turistas alrededor.

Día 2: Almuerzo en una terraza y el Coliseo

La mañana siguiente, después de un recorrido en el Palatino y el Foro Romano, almorzaron en una terraza espectacular: la famosa Terrazza Cielo, premiada en 2022 por su vista impresionante.

África: (mirando el horizonte) "Thiago, ¿puedes creerlo? Estamos almorzando con vistas al Vaticano y al Coliseo. Esto es un sueño."

Disfrutaron de una comida italiana inolvidable: antipasto de bruschetta, pasta cacio e pepe y un tiramisú artesanal.

Por la tarde, recorrieron el Coliseo, que seguía dejando sin palabras a Valentina.

Guía local: "En este anfiteatro cabían hasta 50,000 personas. Fue una maravilla de la ingeniería romana."

Thiago: "Impresionante. Es increíble cómo la historia sigue viva aquí."

Día 3: Ciudad del Vaticano y San Ángel

Por la mañana, visitaron el Vaticano. Después de recorrer la Basílica de San Pedro y admirar la Capilla Sixtina, almorzaron en el restaurante del Vaticano, donde probaron pollo al limone y tiramisú.

Por la tarde, caminaron hasta el Castel Sant'Angelo. Desde la terraza, disfrutaron de una vista que abarcaba el Tíber y la ciudad eterna.

Valentina: "Papá, ¿podemos quedarnos más días? No quiero irme nunca."

Excursión a Florencia: Día 4

Tomaron un tren desde Termini hacia Florencia para pasar el día. Recorrieron la Galería Uffizi, el Ponte Vecchio, y disfrutaron de la tranquilidad de la Piazza della Signoria.

Thiago: "Florencia tiene otro ritmo. Es más pequeña, pero llena de arte en cada esquina."

De regreso a Roma esa misma noche, se detuvieron a cenar en un restaurante cerca de Termini, donde probaron la famosa pizza romana.

Interacciones locales

En sus paseos nocturnos, conversaron con locales. Una señora mayor en Piazza Navona compartió una historia sobre su juventud en Roma.

Señora: "He vivido aquí toda mi vida. Cada año cambia, pero la esencia de Roma sigue siendo la misma. Es eterna."

África: "Esa es la palabra perfecta: eterna. Roma es eterna."

Vuelta a casa y La Gruta

El 30 de julio, la familia regresó renovada y llena de recuerdos. En La Gruta, los vecinos se preparaban para recibirlos. Mei Ling volvía de Sevilla con regalos típicos, Giovanni regresaba con nuevas recetas desde Italia, y Nadia y Tomasz se enorgullecían de mostrar las flores que habían cuidado durante el verano.

Mientras tanto, César seguía adaptándose a su nueva vida y los condenados cumplían con sus obligaciones, todos reflexionando sobre su pasado.

Thiago, observando La Gruta, se sintió optimista.

Thiago: "Después de Roma, veo todo con claridad. La Gruta tiene potencial. Ahora depende de nosotros seguir construyendo el futuro."

Así, con el verano en pleno auge, La Gruta continuaba renaciendo de sus cenizas, mientras Thiago lideraba el camino hacia un nuevo capítulo de unidad y esperanza.

Capítulo 52: La Gruta florece

A finales de septiembre de 2026, La Gruta comenzó a encontrar su ritmo nuevamente. Los eventos del pasado parecían desvanecerse poco a poco, dejando espacio para el renacer de la comunidad. Sin embargo, algunas partidas marcaban un nuevo capítulo para el vecindario.

El apartamento 110, utilizado como segunda residencia por una familia de Sevilla, se puso a la venta. El propietario, tras los conflictos, había decidido no regresar. Por otro lado, Yanay, quien enfrentaba cada día el desprecio silencioso de los vecinos, comenzó a empacar sus cosas con la intención de marcharse.

En una conversación con Oisacin, su pareja, los ánimos se encendieron.

Yanay: (mientras cerraba una caja) "No puedo seguir aquí. Cada vez que salgo al patio, siento sus miradas. Esto no es vida."

Oisacin: (con un tono frustrado) "¿Y dónde vamos a ir? Aquí al menos tenemos un techo y conocemos a todos, aunque sea para mal."

Yanay: "No entiendes. Esto no es un hogar. La Gruta murió para nosotros el día que todo salió a la luz."

A pesar de sus palabras, Oisacin no estaba convencido. Esa misma tarde, mientras conducía su coche en un intento de despejarse, sufrió un accidente. Según testigos, perdió el control en una curva y terminó chocando con un árbol. Yanay, al recibir la noticia, corrió al hospital.

Yanay: (sujeto a la mano de Oisacin mientras él estaba en la cama del hospital) "Si esto no es una señal, no sé qué es. Nos tenemos que ir."

Mientras tanto, la comunidad siguió su curso. Los nuevos vecinos que habían llegado a ocupar algunos de los apartamentos vacíos trajeron aire fresco. Mei Ling organizó un taller de cocina asiática para los niños, y Giovanni, desde su restaurante, ofreció un brunch comunitario para celebrar la nueva etapa.

Capítulo 53: Thiago y la independencia de Arturo

A mediados de octubre de 2026, Thiago enfrentó un cambio personal importante: su hijo Arturo había decidido independizarse. A sus 25 años, Arturo sintió que era momento de dejar la comodidad de la Gruta y mudarse a un apartamento en el centro de Bruselas, cerca de su trabajo en una empresa de tecnología.

Esa mañana, el salón estaba lleno de cajas. Arturo, con su habitual actitud tranquila, revisaba su lista de cosas pendientes mientras Valentina lo miraba desde la puerta con expresión melancólica.

Arturo: (empujando una caja hacia la entrada) "Papá, ha llegado el momento. No es que no ame esta casa, pero siento que necesito construir mi vida por mi cuenta."

Thiago: (con una mezcla de orgullo y nostalgia) "Hijo, lo entiendo. Pero no sabes lo raro que será no verte por aquí cada día."

África: (sonriendo mientras envuelve un cuadro) "Thiago, no te pongas melodramático. Arturo no se va a Marte, está a media hora en tren."

La despedida fue emotiva. Arturo abrazó a su hermana Valentina.

Arturo: "Prometo visitarte, enana, pero tienes que prometerme que no te meterás en mi apartamento sin avisar."

Valentina: (haciendo un puchero) "Ya veremos. Dependerá de si me invitas o no a cenar pizza."

En su nuevo apartamento, un espacio moderno en el barrio de Ixelles, Arturo organizó una pequeña cena con sus amigos para celebrar su independencia. En la mesa, había platos de pasta que él mismo había preparado con una receta que Giovanni Bellini le había enseñado durante una charla en La Gruta.

Amigo de Arturo: "Oye, tu padre es una leyenda. ¿Cómo es que siempre termina saliendo victorioso?"

Arturo: (riendo mientras servía vino) "Es como si tuviera un ángel de la guarda. Pero te aseguro que todo lo que ha conseguido es por su esfuerzo... y su testarudez. Ahora entiendo de quién lo he heredado."

La conversación se llenó de anécdotas sobre la vida en La Gruta, desde los conflictos hasta los momentos más felices. Arturo se dio cuenta de lo mucho que había aprendido de las dificultades que su familia había enfrentado.

Esa misma noche, Thiago, África y Valentina cenaban juntos en el salón de la casa. El silencio era inusual, casi incómodo.

Thiago: (mirando el lugar vacío de Arturo en la mesa) "Parece que fue ayer cuando lo cargaba en mis brazos."

África: "Thiago, tenemos que dejarlo volar. Arturo está listo, y nosotros también deberíamos estarlo."

Valentina: (interrumpiendo) "Bueno, eso de estar listos es discutible. Papá, llevas mirando su habitación como si hubieran robado un tesoro."

El comentario arrancó una carcajada general, rompiendo la melancolía del momento.

En su apartamento, Arturo encendió una vela y brindó en silencio con una copa de vino. Desde su ventana, las luces de Bruselas brillaban como testigos de una nueva etapa en su vida.

Así, Arturo daba su primer paso hacia la independencia, con la certeza de que siempre tendría un lugar al que llamar hogar en La Gruta.

Capítulo 54: Un revés inesperado

En noviembre de 2026, la salud de Giovanni Bellini, el chef italiano, comenzó a deteriorarse. Los vecinos notaron que ya no pasaba tanto tiempo en su restaurante, y fue Mei Ling quien, preocupada, lo visitó en su apartamento.

Mei Ling: "Giovanni, ¿estás bien? Hace días que no te vemos."

Giovanni: (con voz cansada) "Es mi corazón, Mei. Los médicos dicen que necesito una cirugía, pero estoy... asustado."

La noticia corrió rápidamente por la Gruta, y los vecinos se unieron para apoyarlo. Thiago organizó una colecta para ayudar con los gastos médicos, y Hakim ofreció cubrir la mitad de los costos gracias a su reciente éxito empresarial.

La operación se llevó a cabo a finales de noviembre, y aunque fue un éxito, Giovanni tuvo que cerrar temporalmente su restaurante. Durante su recuperación, Nadia y Tomasz, los jardineros, se ofrecieron a mantener el local abierto.

Nadia: "Tu restaurante es el alma de la Gruta. No dejaremos que cierre."

Giovanni: (con lágrimas en los ojos) "Gracias, de verdad. Esta comunidad es mi familia."

Capítulo 55: El accidente de Yanay

A principios de diciembre de 2026, Yanay decidió que era hora de irse de La Gruta. Había vendido su apartamento a una joven pareja, pero antes de mudarse sufrió un accidente doméstico. Mientras bajaba las escaleras con una caja pesada, tropezó y cayó rodando. Fue Thiago quien, al escuchar el golpe, salió corriendo a ayudarla.

Thiago: "¡Yanay! ¿Estás bien?"

Yanay: (con lágrimas) "Creo que me he roto el tobillo."

Thiago llamó a una ambulancia y se quedó a su lado hasta que llegaron los paramédicos.

Yanay: (mirando a Thiago) "No sé cómo puedes ser tan amable conmigo después de todo lo que hice."

Thiago: (serio) "Yanay, todos cometemos errores. Lo importante es aprender de ellos."

Este gesto conmovió profundamente a Yanay, quien, tras su recuperación, escribió una carta abierta a la comunidad pidiendo perdón por sus acciones.

Capítulo 56: Navidad en la Gruta

Llegó diciembre, y con él, las festividades navideñas. La Gruta, ahora más unida que nunca, decidió organizar una gran cena comunitaria en el jardín central. Cada familia aportó algo: Mei Ling preparó dumplings, Giovanni horneó un pastel navideño, y Hakim trajo especialidades árabes.

Durante la cena, Thiago se levantó para dar un discurso.

Thiago: "Hace un año, este lugar estaba lleno de tensiones y rencores. Hoy, estamos aquí, celebrando juntos. Eso dice mucho de cómo hemos crecido como comunidad."

El brindis fue emotivo, y hasta los antiguos rivales de Thiago, como Popeye, se unieron al espíritu de reconciliación. César, desde prisión, envió una carta agradeciendo a la comunidad por darle una nueva oportunidad en la vida.

La Navidad de 2026 en La Gruta no era solo una celebración de luces y villancicos; era una manifestación de nuevos comienzos. Después de años de conflictos y reconciliaciones, la comunidad estaba lista para disfrutar de una noche tranquila, rodeada de familiares y amigos.

El Regreso de Arturo y Rosa María

El salón de la casa de Thiago se llenó de risas cuando Arturo llegó acompañado de Rosa María, su novia. Rosa, una sevillana carismática con ojos brillantes y una sonrisa contagiosa, se había mudado a Bruselas en 2020 junto con sus padres.

África: (dándole un abrazo cálido a Rosa María) "¡Bienvenida! Arturo nos ha hablado tanto de ti que siento que ya te conocemos."

Rosa María: (sonriendo nerviosa) "Gracias, África. Estoy emocionada por conocer a toda la familia. Arturo siempre habla maravillas de ustedes."

Thiago: (con un tono bromista) "¿Y de mí también? ¿O solo te cuenta las historias de cómo me vuelvo loco con sus decisiones?"

La broma relajó a Rosa, y la cena comenzó con un ambiente cálido y distendido. Arturo, orgulloso, presentó a Rosa como "una parte fundamental de su vida". Rosa, por su parte, habló de sus experiencias en Bruselas, de cómo se había adaptado a una nueva cultura y de sus planes para seguir desarrollándose en el ámbito del diseño gráfico.

Valentina observaba todo con una mezcla de alegría y nostalgia.

Valentina: (a Rosa María) "Cuídalo bien, Rosa. Arturo puede ser un poco terco, pero tiene un corazón enorme."

El Éxito de Valentina

Durante la sobremesa, Thiago, siempre orgulloso de sus hijos, mencionó los logros recientes de Valentina.

Thiago: "Por cierto, Valentina tiene una noticia importante que compartir. Aunque yo ya me adelanté a contarle a medio barrio."

Valentina, ligeramente ruborizada, tomó la palabra.

Valentina: "Bueno, quería contarles que hace unas semanas me ascendieron a jefa de proyecto en la multinacional. Fue una sorpresa para mí, pero estoy emocionada por el reto. Ya saben que me encantan los desafíos."

La mesa estalló en aplausos y vítores.

África: (con ojos brillantes) "¡Sabía que lo conseguirías! Siempre has tenido esa capacidad para liderar con cabeza y corazón."

Rosa María: "¡Enhorabuena, Valentina! Eso demuestra que los buenos líderes siempre encuentran su lugar."

Arturo: (bromeando) "Ahora sí que te veremos aún menos en casa."

Valentina aprovechó el momento para anunciar otro cambio en su vida.

Valentina: "De hecho, tengo otra noticia. He decidido mudarme. Con tanto viaje internacional y responsabilidades, creo que lo mejor es tener mi propio espacio. He encontrado un apartamento precioso cerca del barrio europeo, ideal para desconectar después de los días caóticos."

Aunque la noticia dejó a Thiago y África un poco melancólicos, ambos apoyaron la decisión de Valentina.

Thiago: (sonriendo con orgullo) "Sabes que siempre tendrás un hogar aquí, pero entiendo que este es tu momento para brillar."

Las Visitas de los Vecinos y sus Familias

En La Gruta, otros vecinos también recibían a sus seres queridos. Giovanni Bellini decoró su restaurante con guirnaldas y luces, invitando a sus padres, que habían viajado desde Nápoles, a disfrutar de una cena tradicional italiana.

Mei Ling recibió la visita de su hermana menor, recién llegada de China, y juntas prepararon una mesa con platos que combinaban la cocina asiática con sabores belgas.

Hakim Al-Farsi decoró su casa con motivos tradicionales omaníes, compartiendo dulces y tés con sus vecinos más cercanos, mientras hablaba de los avances de su empresa tecnológica.

La noche culminó con una gran cena comunitaria en el salón principal de La Gruta. Vecinos, familiares y amigos compartieron risas, brindis y recuerdos, mientras un pequeño coro improvisado entonaba villancicos.

Reflexiones de Thiago

Esa noche, mientras todos compartían historias y anécdotas, Thiago tomó un momento para reflexionar. Miró a su familia, a sus hijos independientes y exitosos, y sintió una mezcla de nostalgia y satisfacción. La Gruta, una vez un lugar de conflictos, ahora brillaba como un símbolo de unidad y nuevos comienzos.

En el centro de la mesa, un gran árbol de Navidad adornado con luces cálidas parecía reflejar el renacimiento de la comunidad y la esperanza de un futuro brillante.

Thiago: (pensando en silencio) "Ha sido un viaje difícil, pero todo ha valido la pena. Aquí estamos, juntos, más fuertes que nunca."

Y así, La Gruta, en esa Navidad de 2026, se consolidaba como un lugar de segundas oportunidades y sueños realizados.

Mientras las luces de Navidad brillaban sobre La Gruta, Thiago observó a su familia y a los vecinos con una sonrisa. Por fin, el vecindario había encontrado la paz que tanto necesitaba.

Capítulo 57: Una Epifanía de Alegría

La mañana del Día de Reyes de 2027 en la casa de Thiago y África estaba llena de risas y el sonido del papel de regalo siendo rasgado. La tradición de intercambiar regalos se mantenía viva, y la familia se reunía con emoción para descubrir las sorpresas cuidadosamente preparadas.

Un Regalo Inesperado: La Noticia de Rosa

Después del desayuno, Rosa María y Arturo intercambiaron una mirada cómplice mientras sacaban un pequeño sobre de color rosa del bolsillo de Arturo.

Rosa María: (nerviosa, pero con una sonrisa) "Queremos compartir algo muy especial con ustedes."

Arturo entregó el sobre a Thiago, quien lo abrió con curiosidad. Dentro había una pequeña tarjeta con un mensaje escrito a mano: *"Estamos esperando a nuestra pequeña Rosa Valentina. Llegará en septiembre."*

África: (gritando de emoción) "¡¿Qué?! ¡Voy a ser abuela!"

Thiago, con los ojos brillantes, miró a su hijo y a Rosa antes de abrazarlos con fuerza.

Thiago: "¡Esto es el mejor regalo que podríamos haber recibido! No saben cuánto me emociona saber que seré abuelo. Rosa Valentina... Es un nombre precioso."

La noticia desató una avalancha de emociones. África ya comenzaba a pensar en todo lo que necesitaban preparar: el cuarto del bebé, las visitas, los regalos, y hasta ofrecerse para cuidar a la pequeña cuando fuera necesario.

África: "Arturo, Rosa, ustedes no se preocupen por nada. Esta niña va a ser la reina de la familia, ¡y nos encargaremos de que no le falte de nada!"

Rosa, conmovida por la reacción de la familia, prometió que Thiago y África estarían involucrados en cada paso del embarazo.

Un Regalo Ampliado: El Viaje a Asturias

Cuando la emoción comenzaba a calmarse, Valentina sacó una carpeta de su bolso y la colocó sobre la mesa con una sonrisa traviesa.

Valentina: "Bueno, ya que estamos en el tema de regalos, Arturo y yo tenemos otro para ustedes. Esto no es tan sorprendente como una nueva nieta, pero esperamos que les guste."

Thiago y África abrieron la carpeta y encontraron un itinerario detallado para un viaje a Asturias, España, en marzo de 2027.

Thiago: "¡Un viaje! ¿Asturias? Esto es increíble. ¿Cuándo planearon todo esto?"

Arturo: (riendo) "Hace semanas. Valentina y yo queríamos que tuvieran una escapada especial, y pensamos que Asturias sería perfecto para ustedes."

El itinerario incluía visitas a lugares emblemáticos como:

- Oviedo, con su casco antiguo lleno de encanto y la Catedral de San Salvador.

- Gijón, para disfrutar del paseo marítimo de la Playa de San Lorenzo y probar la sidra asturiana.

- Avilés, con su centro histórico y el Centro Niemeyer.

- Cangas de Onís, famoso por su Puente Romano.

- Llanes, con sus paisajes costeros y su atmósfera de cuento.

- Covadonga, para visitar el Santuario de la Virgen de Covadonga y los Lagos de Enol.

- Y una excursión a Santander, con el majestuoso Palacio de la Magdalena y su pintoresca bahía.

África: "¡Es un sueño hecho realidad! Asturias siempre ha estado en mi lista de lugares para visitar."

Thiago: (emocionado) "No puedo creer que hayan organizado todo esto para nosotros. ¡Es el regalo perfecto!"

Un Día de Reyes para Recordar

La casa de Thiago estaba llena de alegría y risas mientras la familia discutía los planes para el futuro. Valentina se ofreció a ayudar a Rosa María con todo lo relacionado con el embarazo, mientras Arturo prometía estar a su lado en cada consulta médica.

Por su parte, Thiago y África empezaron a buscar información sobre Asturias y los lugares que visitarían, emocionados por la idea de explorar un rincón tan bello de España.

Preparativos y Reflexiones

Más tarde esa noche, mientras todos disfrutaban de una cena ligera, Thiago reflexionó en silencio sobre lo lejos que había llegado la familia. Después de años de conflictos en La Gruta, ahora estaban entrando en una etapa de paz y crecimiento.

Thiago: (pensando) "No hay mayor satisfacción que ver a tus hijos felices y saber que estás rodeado de amor y apoyo. Este es el verdadero regalo de la vida."

Esa noche, mientras las luces del árbol de Navidad titilaban en el salón, Thiago y África se sentaron juntos, mirando el itinerario del viaje y soñando con el futuro. La familia estaba creciendo, y con cada nuevo paso, el amor que los unía solo se hacía más fuerte.

Capítulo 58: Viaje a Asturias - Un Ensueño de 14 Días

El 5 de marzo de 2027, Thiago y África partieron desde el Aeropuerto Internacional de Bruselas-Zaventem con destino a Asturias. La emoción era palpable mientras abordaban el vuelo que los llevaría al Aeropuerto de Asturias (Oviedo), cerca de Gijón. Este viaje, un regalo especial de sus hijos Valentina y Arturo, prometía ser una experiencia inolvidable.

Días 1-4: Llanes - La Costa de los Encantos

El coche de alquiler los esperaba en el aeropuerto, y tras una breve recogida de mapas y direcciones, emprendieron el camino hacia su primer destino: Llanes, un pueblo costero lleno de encanto. Su alojamiento, el pintoresco Hotel Don Paco, situado en un antiguo convento reformado, los dejó maravillados desde el primer instante.

Thiago: "África, mira esto. La mezcla de lo histórico con lo moderno... ¡es como estar en otro tiempo!"

Durante los días en Llanes, Thiago y África exploraron:

- El Paseo de San Pedro, con vistas impresionantes al Cantábrico.

- Los Cubos de la Memoria, un peculiar conjunto artístico en el puerto.

- Las playas de Gulpiyuri y Torimbia, conocidas por su belleza única y tranquilidad.

- Bufones de Pría, donde el agua del mar se eleva en géiseres naturales cuando la marea sube.

Las comidas fueron otro punto destacado. En el restaurante El Bálamu, disfrutaron de un cachopo tradicional y pescados frescos acompañados por sidra asturiana.

África: (después del primer sorbo) "Esta sidra tiene algo mágico, es refrescante y diferente a todo lo que he probado."

Días 5-7: Lastres - El Encanto Marinero

El siguiente destino fue el encantador pueblo pesquero de Lastres, donde se alojaron en la Posada de Lastres, una acogedora casona con vistas al mar.

Aquí, sus días estuvieron llenos de tranquilidad y descubrimiento. Pasearon por:

- El Mirador de San Roque, desde donde se contempla el pueblo en todo su esplendor.

- La Playa de Lastres, perfecta para relajarse y disfrutar de la brisa marina.

- El Museo del Jurásico de Asturias (MUJA), una atracción fascinante para aprender sobre los dinosaurios que dejaron su huella en la región.

Las cenas fueron inolvidables, especialmente en el restaurante Eutimio, donde probaron fabada asturiana y arroz con bogavante.

Thiago: (riendo) "Creo que tendremos que caminar mucho mañana para compensar este banquete."

Días 8-11: Cudillero - Colores de Ensueño

327

El viaje continuó hacia Cudillero, un pequeño pueblo de casas coloridas que parecen colgar de las colinas. Su alojamiento fue el encantador La Casona del Pescador, a poca distancia del puerto.

En Cudillero, Thiago y África disfrutaron de:

- La Ruta de los Miradores, que ofrece vistas panorámicas del pueblo y el mar.

- La Playa del Silencio, un lugar sereno y aislado perfecto para relajarse.

- El Puerto de Cudillero, lleno de vida y actividad.

En el restaurante El Faro, probaron merluza a la sidra y arroz con leche asturiano.

África: "Thiago, no sé si es la comida o el lugar, pero me siento completamente feliz aquí."

Días 12-14: Santander - Elegancia y Belleza

El último destino fue Santander, donde se alojaron en el Gran Hotel Sardinero, frente a la famosa Playa del Sardinero.

En Santander, visitaron lugares emblemáticos como:

- El Palacio de la Magdalena, un símbolo de la ciudad.

- El Centro Botín, una joya arquitectónica y cultural.

- El Mercado del Este, donde disfrutaron de compras y degustaciones de productos locales.

El punto culminante fue una cena en el Casino de Santander, donde se deleitaron con mariscos frescos y una selección de vinos.

Thiago: "Esto es un cierre perfecto para unas vacaciones que recordaré toda la vida."

Reflexiones al Regreso

Cuando regresaron a la Gruta el 20 de marzo de 2027, Thiago y África estaban renovados, llenos de historias y recuerdos. Las fotos, los sabores y las experiencias quedaron grabados en sus corazones, y prometieron volver algún día.

Thiago: (mirando a África) "Hemos vivido un sueño, y lo mejor es que aún tenemos mucho por descubrir juntos."

Mientras tanto, en la Gruta, los vecinos les esperaban con preguntas curiosas y ánimos para escuchar cada detalle de su aventura. El viaje no solo fue un regalo, sino también una oportunidad para reavivar el espíritu de exploración y amor en sus vidas.

Capítulo 59: El Nacimiento de Rosa Valentina

27 de septiembre de 2027

El Hospital Universitario Saint-Luc de Bruselas fue testigo de un día lleno de emociones y alegría desbordada. Rosa María, la novia de Arturo, dio a luz a Rosa Valentina, la primera nieta de Thiago y África. La familia, ansiosa y emocionada, esperaba en la sala de maternidad mientras Arturo acompañaba a Rosa María en el parto.

La Espera en el Hospital

En la sala de espera, Thiago caminaba de un lado a otro, mirando el reloj cada dos minutos. África, siempre serena, intentaba calmarlo.

Thiago: (nervioso) "¿Por qué tarda tanto? ¿Crees que todo estará bien?"
África: (con una sonrisa tranquilizadora) "Tranquilo, Thiago. Todo está en manos de los médicos, y Rosa es una mujer fuerte. Pronto la tendremos en brazos."

Valentina, sentada junto a ellos, revisaba su teléfono y compartía actualizaciones con Rosa y Nicolás, los padres de Rosa María, que estaban en camino desde el sur de Bruselas.

Valentina: (bromeando) "Papá, vas a desgastar el suelo del hospital. Relájate, será una niña preciosa."

Cuando un enfermero se acercó para anunciar que Rosa María estaba en la última etapa del parto, Thiago detuvo su andar frenético y abrazó a África con fuerza.

La Llegada de Rosa Valentina

A las 3:45 de la tarde, Arturo salió de la sala de partos con una sonrisa tan grande que parecía iluminar todo el pasillo.

Arturo: (emocionado) "¡Es una niña! Rosa Valentina está aquí, y las dos están perfectamente."

Thiago se lanzó a abrazarlo, incapaz de contener las lágrimas.

Thiago: "¡Felicidades, hijo! Has traído al mundo a una nueva luz para esta familia."

África y Valentina abrazaron a Arturo con igual emoción, mientras Nicolás y Rosa, que acababan de llegar, se unían a la celebración.

Primer Encuentro con Rosa Valentina

Cuando permitieron que la familia entrara en la habitación, todos quedaron en silencio ante la escena: Rosa María, sonriente pero visiblemente cansada, sostenía a Rosa Valentina en sus brazos. La pequeña estaba envuelta en una manta rosa claro, con sus ojitos cerrados y un mechón oscuro de cabello que prometía ser tan espeso como el de su madre.

Thiago: (acercándose lentamente) "¿Puedo sostenerla?"
Rosa María: (con una sonrisa) "Claro que sí, abuelo."

Thiago tomó a Rosa Valentina en sus brazos con una delicadeza que nadie había visto en él antes.

Thiago: (susurrando) "Bienvenida al mundo, pequeña. Prometo que siempre tendrás a tu abuelo aquí para cuidarte."

África no pudo contener las lágrimas al ver a Thiago con la niña, mientras Valentina sacaba fotos con una mezcla de orgullo y felicidad.

Valentina: "Mamá, papá, creo que esta es la imagen más bonita que he visto en mi vida."

Una Celebración de Amor y Familia

De regreso a la sala de espera, toda la familia se reunió para brindar por la llegada de Rosa Valentina. Nicolás y Rosa, emocionados por convertirse en abuelos, agradecieron a Thiago y África por su apoyo durante el embarazo.

Nicolás: "Rosa María y Arturo tienen mucha suerte de tenerlos como familia. Estoy seguro de que esta niña crecerá rodeada de amor."
África: (riendo) "Por supuesto, pero ya te aviso que

Thiago será el abuelo consentidor. Lo estoy viendo venir."

Todos rieron, mientras Arturo compartía su deseo de que Rosa Valentina tuviera lo mejor del mundo.

Arturo: "Voy a trabajar más duro que nunca para que nunca le falte nada. Papá, mamá, gracias por enseñarme lo que significa ser una familia."

La Primera Foto Familiar

El hospital organizó una pequeña sesión de fotos para la recién nacida. En la imagen, Rosa María y Arturo sostienen a Rosa Valentina, rodeados de Thiago, África, Valentina, y los emocionados abuelos maternos, Nicolás y Rosa.

Fotógrafo: "¡Sonrían! Esta es una foto para los libros de historia familiar."

Un Futuro Prometedor

Esa noche, al regresar a casa, Thiago y África reflexionaron sobre el día.

Thiago: "África, nuestra familia ha crecido. Me siento como si todo lo que hemos vivido hasta ahora nos hubiera preparado para este momento." África: "Es cierto, Thiago. Esta niña es la prueba de que incluso después de las tormentas, siempre llega un nuevo amanecer."

Mientras tanto, Valentina compartía la noticia con sus amigos internacionales, emocionada por el título de "tía favorita" que se había autoimpuesto.

La llegada de Rosa Valentina marcó un nuevo capítulo en la historia de la Gruta, uno lleno de esperanza, amor y un renovado sentido de propósito para todos los que formaban parte de esta familia extendida.

Capítulo 60: Una Doble Celebración de Amor y Fe

8 de diciembre de 2027, Día de la Inmaculada Concepción
El cielo de Bruselas se vestía de un azul despejado y frío típico de diciembre, mientras los invitados llegaban a la majestuosa Iglesia de Nuestra Señora de la Capilla, un templo gótico lleno de historia, situado en el corazón del barrio Marolles. Arturo y Rosa María habían elegido este lugar no solo por su belleza, sino también por su significado espiritual para ellos.

La Ceremonia

La iglesia estaba decorada con flores blancas y doradas, iluminada por la tenue luz que entraba a través de sus vitrales. Rosa María, radiante en un vestido de novia clásico con detalles en encaje, caminaba por el pasillo acompañada de su padre, Nicolás. Arturo, emocionado, esperaba en el altar vestido con un elegante traje azul oscuro.

Arturo: (murmurando a su padre, Thiago) "No sé si estoy más nervioso por la boda o por el bautizo." Thiago: (sonriendo) "Relájate, hijo. Hoy es tu día, disfrútalo."

La ceremonia comenzó con el sonido de un órgano que llenaba la iglesia. El sacerdote, con voz cálida y solemne, ofició primero el matrimonio, en el que Arturo y Rosa María intercambiaron votos cargados de amor y promesas para el futuro.

A continuación, llegó el momento del bautizo de Rosa Valentina. Vestida con un faldón blanco que había pertenecido a la familia de África, la pequeña fue presentada en brazos de sus padrinos, Valentina y un primo de Rosa María.

Sacerdote: "Hoy, esta niña recibe el don de la fe. Rosa Valentina, que la luz te guíe siempre."

Las lágrimas de emoción no se hicieron esperar entre los familiares y amigos.

La Celebración

Después de la ceremonia, los invitados se dirigieron al Château du Lac, un lugar magnífico a orillas del Lago de Genval, a las afueras de Bruselas. Este elegante castillo, convertido en un centro de eventos, ofrecía una vista espectacular y

un salón de baile que parecía salido de un cuento
de hadas.

Un Banquete para Recordar

El menú, cuidadosamente seleccionado, comenzó
con un cóctel en el jardín interior del castillo,
donde los invitados disfrutaron de canapés de foie
gras, croquetas de marisco y bruschettas gourmet.
Una vez en el salón principal, la cena consistió en:

- Entrante: Carpaccio de buey con virutas de
  parmesano y aceite de trufa.

- Plato principal: Solomillo de ternera con
  salsa de vino tinto, acompañado de puré de
  patatas al estilo belga y espárragos verdes.

- Postre: Una torre de profiteroles bañados en
  chocolate, inspirada en la clásica
  croquembouche francesa.

La tarta nupcial fue un espectáculo en sí misma: un
pastel de cinco pisos decorado con flores naturales
y un diseño en blanco y dorado que simbolizaba la
unión y la pureza.

El Baile

A las diez de la noche, los recién casados abrieron
el baile con un vals clásico, rodeados de aplausos y
miradas de admiración. La música pronto cambió a

algo más animado, y los invitados se unieron a la pista.

Valentina: (riendo mientras bailaba con un amigo) "Esto es lo que necesitábamos después de tanto caos en La Gruta."

Thiago y África también se unieron al baile, demostrando que el amor y la alegría no tienen edad. Mientras tanto, Rosa Valentina, en brazos de una nurse contratada, observaba curiosa desde un rincón antes de ser llevada a una habitación tranquila para descansar.

Conversaciones y Encuentros

Los vecinos de La Gruta presentes, como Mei Ling y Giovanni Bellini, no dejaron de comentar el esplendor del evento.

Giovanni: (a Mei Ling) "Esto me inspira para el próximo menú de mi restaurante. Quizás un especial italiano para celebrar el amor."
Mei Ling: (sonriendo) "Sin duda, la unión de culturas es algo que también podemos celebrar."

En un rincón más discreto, algunos vecinos antiguos reflexionaban sobre todo lo vivido en la Gruta.

Hakim Al-Farsi: "Es increíble cómo la vida puede cambiar tanto en unos pocos años. Ahora todo parece en paz."

Nora Johnson: "Gracias a Thiago, diría yo. Su liderazgo nos enseñó mucho."

El Viaje de Novios

Al día siguiente, Arturo y Rosa María partieron hacia España para su luna de miel. Desde el Aeropuerto de Bruselas-Zaventem, volaron a Sevilla, donde se alojaron en un hotel boutique en el corazón del barrio de Santa Cruz. Durante una semana, disfrutaron de la magia de Andalucía:

- Sevilla: Visitaron la Giralda, la Catedral y el Real Alcázar, pasearon por el Parque de María Luisa y disfrutaron de tapas en Triana.

- Granada: Explorar la Alhambra y el Generalife les dejó sin palabras.

- Córdoba: El contraste de la Mezquita-Catedral les impresionó profundamente.

- Málaga: Se relajaron en la Costa del Sol antes de regresar a Bruselas.

Una Historia que Continúa

Mientras la pareja comenzaba su nueva vida, Thiago y África, emocionados y llenos de orgullo, miraban hacia el futuro con esperanza. La boda y el bautizo no solo habían sellado una nueva etapa en la familia, sino que también habían marcado un renacimiento completo para todos los que habían compartido los altibajos de la vida en La Gruta.

Un Legado

Thiago sabía que su historia aún no había terminado. La vida no era estática, y siempre habría nuevos desafíos. Sin embargo, también sabía que había dejado un legado para sus hijos y nietos: la valentía de enfrentar la injusticia, la fuerza de la resiliencia, y la esperanza de que, a pesar de todo, las cosas pueden cambiar.

Thiago: (levantando una copa hacia África) "Por nosotros. Por todo lo que hemos superado. Y por lo que vendrá."
África: (sonriendo) "Y que sea siempre juntos."

Un Nuevo Capítulo

Mientras los fuegos artificiales iluminaban la noche, Thiago comenzó a escribir en su mente las primeras palabras de una nueva historia. Sabía que debía contar más, no solo por él, sino por todos aquellos que habían enfrentado injusticias similares.

Porque su historia no solo era un cierre, sino un inicio. Un recordatorio de que incluso cuando todo parece perdido, la verdad, la valentía y el amor pueden construir un futuro mejor.

Capítulo 61: Un Cierre, Un Nuevo Comienzo

El 31 de diciembre de 2027, mientras los fuegos artificiales iluminaban el cielo de Bruselas, Thiago se encontraba sentado en el balcón de su casa, acompañado de África. A su alrededor, los ecos de una vida compleja, llena de luchas, victorias y heridas cicatrizadas, se entremezclaban con las risas y voces de su familia en el interior. Arturo y Rosa María conversaban sobre los primeros pasos de Rosa Valentina, mientras Valentina narraba historias de sus viajes internacionales.

África: (mirando a Thiago) "Hemos llegado hasta aquí, amor. Y qué camino tan duro, pero también tan lleno de aprendizaje."

Thiago: (sonriendo, con nostalgia) "Nunca creí que las piedras del camino nos llevarían tan lejos. Pero míranos, estamos aquí. Juntos, con nuestra familia y un futuro que, por primera vez, parece brillante."

Thiago dejó que sus pensamientos viajaran por los momentos más oscuros: las calumnias, los días en los tribunales, las noches en vela cuestionando si valía la pena seguir luchando. Sin embargo, también recordó los destellos de esperanza, los rostros de apoyo inesperado y, sobre todo, la mirada de África, que siempre lo mantenía firme.

Reflexión y Verdad

Thiago sabía que esta noche marcaba un final, pero también un nuevo comienzo. Las heridas del pasado seguían presentes, pero había aprendido que no siempre se trataba de borrar el dolor, sino de construir algo fuerte a pesar de él.

A lo largo de los años, se enfrentó a un sistema que a menudo parecía más interesado en proteger a los poderosos que en hacer justicia. Vecinos que deberían haber sido aliados se convirtieron en enemigos debido a la envidia, el egoísmo y los prejuicios. A pesar de todo, Thiago se mantuvo firme.

Un Futuro Brillante

A medida que el reloj marcaba la medianoche, Thiago miró hacia el interior de su hogar. Arturo estaba sosteniendo a Rosa Valentina mientras Rosa María y Valentina servían copas de champán. Los rostros de su familia eran un recordatorio de lo que había logrado proteger durante todos estos años de lucha.

En el pasado, la envidia y las rivalidades de sus vecinos lo habían empujado a lugares oscuros. Pero ahora, mientras veía a su familia, entendió que había ganado mucho más de lo que había perdido. Su lucha había valido la pena.

Thiago: (levantando una copa hacia África) "Por nosotros. Por todo lo que hemos superado. Y por lo que vendrá."

África: (sonriendo) "Y que sea siempre juntos."

Un Nuevo Capítulo

Mientras los fuegos artificiales iluminaban la noche, Thiago comenzó a escribir en su mente las primeras palabras de una nueva historia. Sabía que debía contar más, no solo por él, sino por todos aquellos que habían enfrentado injusticias similares.

Porque su historia no solo era un cierre, sino un inicio. Un recordatorio de que incluso cuando todo parece perdido, la verdad, la valentía y el amor pueden construir un futuro mejor.

Fin.

Epílogo: Una Nota del Autor

Esta historia, aunque adornada con ficción, se basa en una verdad que muchos han experimentado. Comunidades rotas por la corrupción, personas enfrentadas por la envidia y la desinformación, y la lucha por la justicia en un sistema que a menudo parece ciego.

Sin embargo, hay esperanza. A quienes luchan contra las sombras, recordemos que cada acto de resistencia, por pequeño que parezca, puede encender una chispa de cambio. La batalla por la justicia no es fácil, pero nunca es en vano.

A Thiago y a todos los que defienden la verdad, incluso cuando el mundo parece estar en su contra: esta historia es para ustedes.

¿Y tú? ¿Qué harás para iluminar las sombras de tu entorno?

Agradecimientos

Quiero expresar mi más sincero agradecimiento a todas las personas que han sido parte de este camino y han contribuido, de una u otra forma, a la realización de esta obra.

A mis profesores y compañeros de la UNED
Sevilla, por su constante inspiración, su dedicación
y por los valiosos aprendizajes compartidos.
Aunque prefiero no mencionar nombres
específicos, todos ellos ocupan un lugar especial en
mi gratitud. También agradezco profundamente a
los empleados de la UNED, quienes, con su
trabajo imprescindible, hacen posible que cada
estudiante alcance sus metas.

A Rosa, mi tutora de escritura creativa, quien me
ha guiado con paciencia y entusiasmo,
animándome a dar vida a esta historia.

A mi familia, mi mayor pilar de apoyo. Por estar
siempre ahí, brindándome fuerzas en los
momentos difíciles y celebrando conmigo cada
pequeño logro.

Y, por supuesto, a ti, querido lector. Gracias por
creer en esta historia, por sumergirte en estas
páginas y por permitir que mi voz te acompañe.
Esta obra es tanto tuya como mía, y espero que en
ella encuentres algo que resuene contigo, algo que
te inspire o te mueva a reflexionar.

Gracias, de todo corazón.

Notas del Autor

Las comunidades de propietarios son escenarios donde, con frecuencia, se proyectan frustraciones personales y conflictos internos. Algunas personas, incapaces de mandar siquiera en su propia vida, encuentran en estos espacios un lugar para intentar ejercer un poder mal entendido. A menudo, su necesidad de imponer su voluntad revela inseguridades más profundas. Por otro lado, las estrategias sutiles suelen ser la herramienta de aquellos con una inteligencia más calculadora, que esperan pacientemente el momento oportuno para atacar, acumulando argumentos y generando un clima de tensión constante.

Las asambleas vecinales, lejos de ser siempre un espacio para la cooperación, pueden convertirse en un teatro de operaciones para quienes buscan encubrir irregularidades o abusos. Algunas personas se escudan en un cargo comunitario, utilizando la legitimidad de su posición para cometer actos que bordean, o cruzan, la línea de lo legal. Otros, menos visibles, operan como piezas del colectivo, esperando la oportunidad de defender intereses ajenos o personales según convenga.

"La Gruta", aunque ficticia, no es solo un lugar inventado; es una representación de un microcosmos real. Los relatos aquí plasmados están inspirados en fragmentos de la realidad que muchos reconocerán. Cada personaje, cada conflicto, y cada batalla narrada en estas páginas son un reflejo de situaciones que, de una u otra forma, hemos vivido o presenciado en nuestras propias comunidades.

Mi objetivo no es solo contar una historia, sino invitar a reflexionar sobre cómo interactuamos en los espacios comunitarios, y cómo nuestras acciones —o inacciones— pueden transformar estos lugares en entornos de conflicto o cooperación, de opresión o solidaridad.

Avance de una posible continuación:

Aunque "El enigma de la gruta" cierra un capítulo crucial en la vida de Thiago y su lucha por la verdad, el mundo que habita sigue girando, con nuevos desafíos y secretos esperando a ser desvelados. En la aparente calma que sigue a la tormenta, siempre hay sombras que acechan, y Thiago lo sabe mejor que nadie.

Mientras las luces de Bruselas se desvanecían en el horizonte, Thiago miró a África y pensó en todo lo que habían superado. Pero en su interior, una intuición persistía. Algo no estaba completamente cerrado. A veces, el silencio puede ser el preludio de la mayor de las tormentas...

Esta historia, aunque inspirada en hechos reales, no se detiene aquí. La vida, con sus giros inesperados y personajes complejos, continuará proporcionando material para futuras novelas. Como autor, planeo seguir explorando los entresijos de la justicia, la corrupción y las dinámicas humanas a través de nuevos relatos que, como "El enigma de la gruta," reflejen los matices de la vida misma.

¡Gracias por acompañarme en este viaje! Quién
sabe, tal vez pronto estemos descubriendo juntos la
siguiente trama de una nueva obra.

Preguntas para el lector:

1. ¿Qué harías tú si estuvieras en la posición
    de Thiago?

2. ¿Crees que una sola persona, armada con la verdad, puede transformar una comunidad?

3. ¿Cómo manejarías los conflictos en una comunidad donde las diferencias parecen insalvables?

4. ¿Es el perdón siempre la mejor opción, incluso cuando hay pruebas de corrupción y abuso?

5. ¿Qué papel juega la envidia en las relaciones humanas y cómo crees que puede afectar la convivencia?

6. ¿Has vivido alguna experiencia similar en tu comunidad o entorno, donde se haya luchado por la justicia o la transparencia?

7. ¿Qué opinas sobre la importancia de las redes sociales en la construcción o destrucción de la verdad en una comunidad?

8. ¿Qué harías diferente si fueras uno de los vecinos de La Gruta?

9. ¿Consideras que en las pequeñas comunidades se refleja, a escala, la corrupción y los conflictos de las grandes sociedades?

10. ¿Te gustaría leer una continuación de esta historia y saber qué le depara a Thiago y su familia?

Estas preguntas buscan invitarte a reflexionar y conectar la historia con tus propias experiencias y pensamientos. Tu perspectiva es una parte vital de este viaje narrativo. ¡Gracias por ser parte de esta historia!

Sobre el Autor

Con formación en Derecho, Criminología y Ciencias Jurídicas de las Administraciones Públicas, el autor de *El Enigma de la Gruta* combina una sólida experiencia académica y profesional con una aguda sensibilidad hacia los dilemas éticos y sociales. Inspirado en eventos reales, su obra aborda temas como la corrupción, el poder y la redención, enmarcados en un contexto contemporáneo cargado de intriga.

A través de una narrativa rica en matices psicológicos y emocionales, el autor no solo relata una historia apasionante, sino que invita a los lectores a reflexionar sobre las complejidades de la naturaleza humana y el impacto de nuestras decisiones individuales en el tejido social.

El Enigma de la Gruta es una celebración del poder transformador de la verdad, la justicia y la resiliencia. Este thriller cautivador combina tensión narrativa con una profunda exploración de los valores que definen a las personas y a las comunidades.

"Un thriller cautivador que expone los secretos de una comunidad al borde del abismo y celebra el poder transformador de la verdad."

Gracias por leer esta historia. Espero que encuentres en ella no solo entretenimiento, sino también inspiración y fortaleza para enfrentar las sombras que puedan aparecer en tu vida.

Tus Reflexiones, querido lector.